ARTISTE ET CITOYEN

IMPRIMERIE GÉNÉRALE DE CHATILLON-SUR-SEINE, A. PICHAT.

ÉTIENNE CARJAT

ARTISTE

ET

CITOYEN

POÉSIES

PRÉCÉDÉES D'UNE LETTRE DE VICTOR HUGO

PARIS
TRESSE ÉDITEUR
8, 9, 10, 11, GALERIE DU THÉATRE-FRANÇAIS
PALAIS - ROYAL

1883

A VICTOR HUGO

Des champs de la pensée, auguste moissonneur,
Quand ta faucille d'or a nivelé les plaines,
A peine reste-t-il pour le pauvre glaneur
Quelques-uns des épis dont tes granges sont pleines;

Il faut chercher longtemps dans le creux du sillon,
Pour trouver quelque grain oublié sur la terre,
Mais si petit qu'il soit, ce grain est l'embryon
D'ou peut jaillir demain le froment salutaire.

E. C.

Vos deux strophes, mon cher Carjat, me touchent vivement. Elles sont belles, ceci est pour tout le monde, et elles sont bonnes, ceci est pour moi. Beauté et bonté, ce sera le double caractère de votre livre. Je vous envoie tous mes vœux de succès, et je me sens d'avance heureux de vous féliciter et de vous applaudir.

Croyez à ma profonde cordialité,

VICTOR HUGO.

AU LECTEUR

MI lecteur, sois indulgent
Pour les rimes que tu vas lire;
Je n'eus jamais assez d'argent
Pour m'offrir une grande lyre.

Je possède un tout petit luth
Tendu de cordes minuscules,
Mais assez fort pour donner l'ut
En chansonnant les ridicules.

Je n'invoque pas Apollon,
Ma muse n'est qu'une Musette
Avec laquelle au frais vallon
J'ai croqué jadis la noisette,

Aux heures folles du printemps
Quand, cueillant les fleurs embaumées,
Je parais de tons éclatants
Le corsage des bien-aimées.

Exubérante de santé,
L'œil éclatant, la lèvre rose,
Elle raillait avec gaîté
Tous les sombres broyeurs de prose.

La digne fille en vieillissant,
Délaissant la gamme rieuse,
A fait, sous son doigt frémissant,
Vibrer la corde sérieuse.

Témoin de désastres sans nom,
Epouvante de notre histoire,
Elle vit, à coups de canon,
Bismarck violer la victoire.

Gauloise et Française avant tout,
Pleurant l'Alsace et la Lorraine,
Elle a, le cœur haut de dégoût,
Maudit Bonaparte et Bazaine.

Son pied chancelant dans Paris,
Aux lueurs de l'Hôtel-de-Ville,
Glissa sur les pavés rougis
Du sang de la guerre civile.

L'ordre vainqueur dans la cité,
Pâle encore des représailles,
Elle flétrit la cruauté
Des implacables de Versailles.

Des vaincus fêtant le retour,
Après la tardive amnistie,
Aux plus malheureux, tour à tour,
Elle prouva sa sympathie.

Mais jugeant leur rôle odieux,
Elle a lu, haussant les épaules,
Les articles calomnieux
Des fous, des ingrats et des drôles:

Voila pourquoi dans ce recueil
Ecrit au bruit de la tempête,
Malgré moi la note de deuil
Dans mainte pièce se répète.

Suis-je coupable? Je ne sais.
C'est à toi, lecteur, de le dire;
Toi seul es juge du procès :
De mon œuvre tu peux médire,

Mais ton arrêt sera clément
Si tu vas au bout du volume,
Car tu verras qu'honnêtement
J'ai fait sourire aussi ma plume.

1883.

form
PREMIÈRE SÉRIE

ARTISTE ET CITOYEN

LA GUERRE

A Erckmann-Chatrian.

I

Le vent de mort a soufflé sur le monde.
Debout! conscrit; boucle ton ceinturon,
Laisse tes champs et la forêt profonde,
Fais ton paquet et suis l'aigre clairon.
Pourquoi, dis-tu?... Ce n'est pas ton affaire,
Marche toujours et marque bien le pas.

Mais?... Chut! Les chefs savent ce qu'il faut faire ;
Va-t'en mourir et ne raisonne pas.

Allons, la mère, ouvre la vieille armoire,
Fais prendre l'air à ta robe de deuil ;
Depuis cinq ans nous n'avions plus de gloire,
Il faut encor de la chair à cercueil!

II

Et toi, soldat, Cincinnatus modeste
Qui, pour la bêche as quitté le fusil,
Reprends ton sac et, pour l'arme funeste,
Laisse rouiller le bienfaisant outil.
Il faut du sang pour cimenter les trônes!
L'histoire est là pour l'apprendre aux enfants ;
Verse le tien pour les porte-couronnes ;
Sème tes os sous leurs pieds triomphants.

Allons, la mère, ouvre la vieille armoire,
Fais prendre l'air à ta robe de deuil ;
Depuis cinq ans nous n'avions plus de gloire,
Il faut encor de la chair à cercueil !

III

Quand au foyer où sa place était vide,
Ton front penché rêvait du cher absent,
Tu te disais, mère simple et candide :
Il va venir ! Tout est calme à présent...
Ah ! tu croyais, naïve et pauvre femme,
Qu'après sept ans ton fils t'était rendu ?
On ne rend pas ceux que César réclame :
Un fils pour toi, c'est du fruit défendu !

Allons, la mère, ouvre la vieille armoire,
Fais prendre l'air à ta robe de deuil ;
Depuis cinq ans nous n'avions plus de gloire,
Il faut encor de la chair à cercueil !

IV

Ne pleure plus, ô pâle fiancée,
Celui qui part pour ne pas revenir ;

Étouffe en toi l'amoureuse pensée :
Par le présent, juge de l'avenir.
Que ton corps pur reste à jamais stérile !
Ou bien, le jour où tes sens parleront,
Enfante un monstre idiot et débile
Que les boulets peut-être épargneront.

Allons, la mère, ouvre la vieille armoire,
Fais prendre l'air à ta robe de deuil ;
Depuis cinq ans nous n'avions plus de gloire,
Il faut encor de la chair à cercueil !

V

Nos députés à la mine fleurie,
Se sont levés dans un transport guerrier ;
Ils ont parlé d'honneur et de patrie,
Deux vieux grands mots chers au peuple ouvrier ;
Mais en soufflant sur l'éternelle flamme
Qui couve au cœur des Français ingénus,
Combien d'entre eux n'ont pas senti dans l'âme,
L'amer souci des périls inconnus !

Allons, la mère, ouvre la vieille armoire,
Fais prendre l'air à ta robe de deuil ;
Depuis cinq ans nous n'avions plus de gloire,
Il faut encor de la chair à cercueil !

VI

Le sol brûlé par un soleil torride
A dévoré les grains qu'on a semés ;
Vaches et bœufs devant la crèche vide,
Tendent en vain leurs mufles affamés ;
Le paysan qui fit le plébiscite,
Sent la révolte ouvrir son crâne épais ;
Bon commerçant, tu peux faire faillite,
On te l'a dit : L'Empire, c'est la paix !

Allons, la mère, ouvre la vieille armoire,
Fais prendre l'air à ta robe de deuil ;
Depuis cinq ans nous n'avions plus de gloire,
Il faut encor de la chair à cercueil !

VII

Ah! si c'était comme en quatre-vingt-douze!
S'il s'agissait de notre liberté,
La France entière, habit, vareuse et blouse,
Se lèverait dans son immensité.
Et les tyrans fuyant à tire d'aile,
Comme hiboux effarés par le jour,
Dans le néant de la nuit éternelle,
Iraient fonder l'universel amour!

Allons, la mère, ouvre la vieille armoire,
Fais prendre l'air à ta robe de deuil;
Depuis cinq ans nous n'avions plus de gloire,
Il reste encor de la chair à cercueil!

20 juillet 1870.

A LOUIS VEUILLOT[1]

A E. Constans.

Mon père, vous avez raison.
Oui, je suis faible en l'art d'écrire,
Autant qu'à dire une oraison
Vous deviez l'être aux jours du rire,

---

1. Réponse à un article paru dans l'*Univers*, dans lequel l'auteur était pris à partie, pour avoir défendu le groupe de la *Danse* de Carpeaux.

(*Note de* l'Éditeur.)

De ce bon vieux rire gaulois
Sous lequel brillaient vos dents blanches,
Quand l'écaillère à l'œil narquois,
Vous guettait, les poings sur les hanches ;

Ce rire qui seyait si bien
A vos bonnes et grosses lèvres,
Avant que le voltairien
N'eût gagné les dévotes fièvres ;

Rire aimable quoi qu'on ait dit,
Rire joyeux de l'honnête homme,
Rire qui vous est interdit,
Car on ne peut plus rire à Rome.

On a beau chanter : Hosannah !
Dans la vieille cité papale,
Les chassepots de Mentana
Couvrent la voix pontificale.

Les ministres du Dieu de paix
Sont familiers avec la poudre ;
De loin, leurs bataillons épais
Sur les pervers lancent la foudre.

Saint Pierre est mort; vous l'honorez
Et faites baiser ses reliques;
Mais avant tout vous préférez
Ce qu'il rapporte à vos boutiques.

Il ne s'agit plus de Jésus,
De Marie et de Dieu le père;
Si votre caisse a des écus,
La religion est prospère.

Vous vous êtes fait un bon Dieu
Qui pourrait jouer à la Bourse;
Et votre Vierge pour un peu,
Serait madame : *La Ressource*.

Ce n'est partout que bruit d'argent
Retentissant dans vos sébiles;
Pie est riche, mais l'indigent
Peut tendre en vain ses mains débiles.

Pour lui, vous ne quêtez jamais
A moins qu'il ne croie aux miracles;
Il peut jeûner, car tous vos mets
Sont aux mangeurs de tabernacles.

Vous me parlez de l'art chrétien?...
Cet art autant que vous je l'aime,
Mais j'admire aussi l'art païen,
Père de la beauté suprême;

Cet art éclos sous le ciel bleu
Aux rayons du soleil attique,
Et qui faisait jaillir un dieu
D'un bloc de marbre pentélique.

Sans ce sublime inspirateur
De leur virile adolescence,
Pas un peintre, pas un sculpteur
N'eût illustré la Renaissance.

C'est le grand maître universel
Que dans Rome même on contemple.
L'Olympe a précédé le ciel;
L'Église a copié le temple.

Votre art à vous, c'est l'éteignoir;
C'est le nu que l'on emmaillotte;
C'est Vénus avec un peignoir
Riant d'Apollon en culotte.

C'est le faciès repoussant
Du sale et vermineux saint Labre;
C'est saint Janvier montrant son sang
Aux paysans de la Calabre.

Cet art que vous nous prescrivez,
Au fond vous rougiriez d'y croire;
De la cause que vous servez
Il n'est que l'utile accessoire.

Vous êtes le dernier soutien
Du catholicisme en déroute;
Depuis vingt ans, vous prêchez bien,
Mais le désert seul vous écoute!

Janvier 1870.

LES
POINTS NOIRS DE GUILLAUME

RÊVE DU SIÈGE

A Charles Charpentier.

Dans le lit où mourut le grand roi de Versailles,
Entouré de chefs-d'œuvre appendus aux murailles,
Le vieux Guillaume las, s'est couché tristement.
Sur son casque où reluit l'aigle d'or allemand,
Il fixe obstinément un œil mélancolique.
— Les aigles meurent vite, en temps de République,

Semble-t-il murmurer. « Celui de Satory
» Qui, sur Paris sanglant, poussa son premier cri,
» Comme un vil chat-huant que le fermier méprise,
» Aux portes de Sedan, sous les clous agonise :
» Plus de glaive à la serre et de couronne au front!
» L'oiseau maudit est mort. Gare à ceux qui suivront!

» Si mon aigle à son tour allait battre de l'aile?...
» Que dirait Augusta ma vieille tourterelle,
» Si pendant que je singe ici le roi Soleil,
» Jacoby délivré troublait son pur sommeil?
» Si moi, le roi-compas, le guerrier-géomètre,
» De ma landwehr un jour je cessais d'être maître?
» Que penserait l'Europe à qui nous faisons peur,
» Si les bons Berlinois secouant leur torpeur,
» Profitaient du départ de ma vaillante armée,
» Pour chasser de son lit ma compagne alarmée?...
» A quoi me servirait d'avoir sur mon chemin,
» Versé dévotement des flots de sang humain,
» Si le discours brumeux de quelque idéologue
» De mon dernier tambour peut faire un démagogue!

» Voilà quatre longs mois que nous sommes partis;
» Plus d'un soldat soupire en songeant aux petits
» Qu'il a laissés là-bas, et dont la bouche rose

» Demande en vain leur père à la mère morose.
» Il est plus d'une chambre aux faubourgs de Berlin
» Où sanglote une veuve et pleure un orphelin.
» Qu'importe à ces gens-là, la Lorraine et l'Alsace!
» Le mort à leur foyer reprendra-t-il sa place?
» Quand même j'entrerais dans Paris éperdu,
» Paris leur rendra-t-il celui qu'ils ont perdu?

» Oh! ces Français damnés! De quels levains terribles,
» Ont donc été pétris ces vaincus invincibles?
» Comment! Après Sedan et Metz, et l'empereur!
» Quand j'ai pillé, brûlé, tué, semé l'horreur;
» Quand mes canons pareils à la foudre qui passe,
» De membres pantelants jonchent au loin l'espace,
» Cette Gaule où ma botte imprime son talon
» Se révolte et bondit comme un jeune étalon?...
» C'est à désespérer du ciel et de la guerre!
» O Sadowa! Lauriers que je cueillais naguère
» Aux champs où Bénédeck à Lebœuf démontra
» Le ridicule plan où l'Autriche sombra;
» Lauriers dont l'ombre a l'air de voiler mes idées;
» Vous qui parez si bien les têtes dénudées,
» Lauriers conservateurs, seriez-vous donc flétris
» Par des républicains sous les murs de Paris?

» — Non, dit-il, cent fois non. Le machiavélisme
» De Trochu, doit produire un prochain cataclysme.
» L'égoïsme honteux que l'empire a semé
» Germe toujours au cœur du bourgeois alarmé.
» La révolution fait peur à ce prud'homme
» Dont la cervelle épèle encor les droits de l'homme ;
» Tout enfant, au lycée, il a raillé Caton
» Et, s'il ressuscitait, fusillerait Danton.
» Depuis que, grâce au siège, il a fait maigre chère,
» Il commence à trouver la République chère,
» Et pour peu, qu'un matin, l'illuminé Flourens
» Étale devant lui sa barbe de Rubens,
» J'entendrai l'airain du vieil hôtel de ville
» Sonner l'ardent tocsin de la guerre civile.
» Ce jour-là, les journaux que l'empire a payés,
» Tous les vendus, qu'hier, le peuple a balayés,
» Réclameront la paix, et leurs lâches cohortes
» De Paris, à genoux, viendront m'ouvrir les portes! »

Le roi rasséréné par ce riant tableau,
Voyant le jour qui pointe à travers le rideau,
Se lève tout joyeux, bourre sa vieille pipe
Qu'il allume avec soin et fume avec principe,
Donne un morceau de sucre à son grand lévrier,
Vide deux ou trois moos et se met à prier.

« — Seigneur! Vous qu'invoqua mon cousin Bonaparte,
» Dieu juste, dont la main des rois vaincus s'écarte,
» Vous, pour qui j'ai toujours combattu saintement,
» Protégez l'unité du grand peuple allemand! »

Après quoi, redonnant le tour à sa moustache,
Il boucle étroitement son ceinturon sans tache,
Coiffe son casque à pique et se met au balcon.
Dans ses petits yeux gris fixés sur Trianon,
Passe comme un éclair l'orgueil de la conquête.
Il songe à ses aïeux, au vieux margrave en quête
De son titre royal, au pauvre Brandebourg,
A Frédéric passant de la flûte au tambour,
A ce roué despote, artiste et militaire
Qui schlaguait ses soldats en caressant Voltaire;
A Rosbach précédant le fatal Iéna,
A Waterloo suivant Leipzig, à Sadowa!
A Woerth, à Reischoffen, monstrueuses tueries,
A Sedan où croula l'homme des Tuileries,
A Metz, ce diamant par Bazaine vendu,
A Paris qui, peut-être, à cette heure est rendu,
A Berlin! où rentrant plus grand que Charlemagne
Son peuple applaudira l'empereur d'Allemagne!

Soudain un coup de feu tiré sous le balcon,

Fit revenir à lui le conquérant gascon.
— Qu'est ce bruit, cria-t-il en outrant sa prunelle?...
— Sire, voyez là-haut, dit une sentinelle
En lui montrant du doigt à l'horizon vermeil
Un petit point d'argent miroitant au soleil.
— Le roi prend sa lorgnette et, pâle de colère,
La braque sur le point qui grandit et s'éclaire.

C'était un pigeon blanc qui traversait l'azur
Comme une flèche ailée au vol rapide et sûr,
Un doux ramier d'amour, un messager fidèle
Qui, vers Paris en deuil, filait à tire-d'aile,
Portant aux assiégés que nul revers n'abat,
Le mot d'ordre attendu pour un nouveau combat.
— Feu! feu! rugit le roi. Vite, lâchez mes aigles,
Mes faucons; chassez-moi ce pigeon dans les règles!
Mais les bêtes de proie eurent beau s'enlever,
Planer et replaner, l'oiseau put achever
Sa course et, comme au temps du pasteur patriarche,
Le peuple salua la colombe de l'arche.

Le soir, comme il dînait avec Moltke et Bismarck,
Le galop d'un cheval retentit dans le parc.
— Qu'est-ce encor dit Guillaume, en dégustant son verre?...
C'était un blond courrier qui, venu ventre à terre,

Apportait à son maître un grand pli cacheté.
Le roi brisant la cire avec fébrilité,
Épèle en pâlissant les lignes du message :
— Parisiens sortis, partout forcent passage !
Paladine à Choisy ! Mecklembourg s'est rendu ! —
Moltke et Bismarck croyaient avoir mal entendu,
Lorsqu'un second courrier pénétra dans la salle.
Cette fois, en lisant, Guillaume sur la dalle
Tomba raide étendu. — Bismarck prit le vélin :
La République était proclamée à Berlin !

Décembre 1870

TOAST A L'ALSACE-LORRAINE

A Édouard Bonnet.

Amis, je porte un toast aux deux grandes blessées
Qu'écrase le talon des lourds envahisseurs ;
Je bois à la Lorraine, à l'Alsace, aux deux sœurs
Dont l'Allemagne étreint les gorges oppressées ;

Au sol pur qui porta Jeanne d'Arc et Kléber,
Aux champs où sont tombés nos cuirassiers stoïques,
A la terre qui vit les turcos héroïques
Se ruer en chantant sur les canons de fer ;

Je bois aux cœurs vaillants troués dans la bataille,
Aux morts de Reischoffen, à ceux de Wissembourg,
Aux bombardés de Toul, de Bitche et de Strasbourg,
Aux femmes, aux enfants broyés par la mitraille ;

Je bois aux survivants, à tous les désolés
Bannis des monts, du val et des forêts ombreuses,
Qui s'en vont, par troupeaux, sur les routes poudreuses,
Quêter l'amer pain noir des peuples exilés ;

Je bois aux vieux sapins dont les aigrettes vertes
Dentellent l'horizon des grands monts chevelus,
Aux burgs démantelés dont ils ne verront plus
Se dresser dans la nuit les tourelles désertes ;

Je bois aux frais raisins des vignes de Volxheim
Dont le petit vin d'or au soleil étincelle,
Au clairet tapageur des bords de la Moselle,
Au houblon odorant des perches d'Herrlisheim ;

Je bois aux jours heureux des tranquilles tendresses,
A la famille assise autour du poêle blanc,
Au bambin souriant, au vieil aïeul tremblant ;
Je bois aux yeux d'azur ; je bois aux blondes tresses,

Aux petits bonnets ronds, aux larges rubans noirs,
Papillons voltigeant sur de rieuses têtes,
Aux corsages brodés qu'on lace aux jours de fêtes,
Aux jupes de garance, orgueil des clairs miroirs ;

Je bois aux biens perdus ; je bois à la souffrance
Des fronts humiliés qui se courbent là-bas ;
Je bois au châtiment des lâches, des Judas ;
Je bois à l'avenir ; je bois à l'espérance !

Septembre 1871.

LA PAIX SOCIALE[1]

A A. Boudouresque.

Le jour où ces trois mots ne seront plus un rêve,
Quand bourreaux et Césars auront brisé leur glaive,
Lorsque luira pour tous au vermeil horizon
Le soleil radieux de la pure raison,
Quand l'ogre Capital et le poucet Salaire
Croiseront leurs regards sans haine, sans colère,

---

[1]. Cette pièce a été publiée en feuilleton dans un journal portant ce titre, lequel paru à six heures, fut saisi à huit et n'a pas eu de lendemain.
(*Note de l'*Éditeur.)

Et que tous deux, lassés d'un combat impuissant,
Comprendront que leur lutte a coûté trop de sang,
Délivré de l'Eglise et de la Politique,
Le monde entier criera : Vive la République !

Mais avant que ce jour illumine nos fronts,
Que de tigres, de loups, et que d'aliborons
Rugissant au progrès, ruant à la lumière !
Que de corps verdiront l'herbe du cimetière,
Avant que cette paix, but de l'humanité,
Éternise l'amour au cœur de la cité !

Le vieux monde affolé, comme un dogue féroce,
Aboie, écume et hurle à l'aspect du colosse
Qui, plus grand que jamais, se dresse devant lui.
Ce géant aux bras durs, aux reins forts, c'est celui
Qu'il put voir au dix août, vengeant la vieille Gaule,
Jeter le trône à bas d'un simple coup d'épaule ;
C'est le peuple qui, las depuis quatre-vingts ans,
D'être dupe et martyr ne veut plus de tyrans.
C'est l'esclave enchaîné par la ruse et la force,
Qui gonfle ses biceps, cambre son rude torse,
Et, jaloux d'être libre, à chaque effort tenté,
Fait saillir les liens dont on l'a garrotté.

Sur ses muscles tendus la corde se dilate,
Encore un soubresaut, tout le vieux chanvre éclate,
Et l'athlète, d'un bond retrouvant sa fierté,
La face vers l'azur inondé de clarté,
Debout, terrible et doux, secouera la vermine
Qui dévore ses flancs creusés par la famine.

Jusque-là, jusqu'à l'heure où, libre et respecté,
Le souverain pourra dicter sa volonté,
Dans l'immonde chenil des repus et des traîtres,
Dans la froide antichambre où ces valets sans maîtres
Attendent le retour de leurs vieux prétendants,
C'est à qui pour nous mordre aiguisera ses dents.
La presse des Veuillot dénaturant l'histoire,
De mensonge et de fiel emplit son écritoire.
Bourdonnant et piquant, l'essaim des hommes noirs
Au nez de la raison brandit ses éteignoirs,
Organise des trains pour la Salette et Lourdes,
Vend des cierges bénits, des marrons et des gourdes,
Donne à boire, à manger, loge à pied, à cheval,
Transforme au gré des gens la messe en carnaval,
Et quand cinq cents crétins se sont soûlés d'eau pure,
D'un doigt victorieux il gratte sa tonsure.

Le jésuite nous guette ! Hier, il marchait sans bruit,

Lentement, prudemment, dans l'ombre et dans la nuit;
Aujourd'hui, le front haut, la parole insolente,
Il brave du plein jour la lumière aveuglante.
Séide cauteleux, maître du Vatican,
De la chaire chrétienne il a fait un volcan
D'où jaillit chaque jour l'injure ou l'anathème.
Le ministre de paix prêche un combat suprême :
Les deux mains sur son cœur, ses yeux clignant au ciel,
Il excite Caïn à retuer Abel!
Sa vierge en bonne fille au salon occupée,
Sourit à la finance et caresse l'épée;
Il faut à la donzelle à court d'adorateurs,
Des amants vigoureux aux bras provocateurs;
La dame n'est pas fière, et pour peu qu'on la serve,
A tous ses chevaliers se livre sans réserve.
Dans son camp le soldat n'a pas d'opinion;
Qu'il s'appelle Chambord ou bien Napoléon,
Qu'il chasse à Chantilly, s'empresse à l'Élysée,
S'il jure : haine et mort à la libre pensée,
Noble, bourgeois, manant, légitime ou bâtard,
Il peut compter là-haut, sur une stalle à part.

Voilà notre ennemi, l'ennemi redoutable!
Pour reculer d'un jour sa chute inévitable,
Il a faussé la Bible et renié Jésus.
Le Christ pour lui, n'est plus le redresseur d'abus,

L'homme de Bethléem dont la voix grave et tendre
Pour la première fois, aux petits fit entendre
Des paroles d'espoir, de justice et d'amour ;
C'est un bourreau féroce et bénin tour à tour,
Favorable au despote et dur au misérable.
Du doux Nazaréen, du Messie adorable,
Ils ont fait un ligueur farouche et sans pitié,
Exploitant nos écus et notre inimitié.
Le frocard rancunier qui maudit et se venge,
Veut du bleu paradis chasser le dernier ange.
En collègue obligeant il prête à Lucifer
Du bois et du charbon pour chauffer son enfer.
Quiconque cherche, pense, analyse ou discute,
Est condamné d'avance : il faut qu'on l'exécute !
Du fond de ses terriers il pousse les Tarquins
A faucher d'un seul coup tous les républicains.
Ces lâches-là, dit-il, ont perdu la patrie :
S'ils se sont fait tuer, c'est par idolâtrie.
Qu'ils gouvernent, demain la révolution
Attire sur nos champs une autre invasion.
Gambetta, c'est connu, travaille pour la Prusse,
Ses discours ont fait fuir un diplomate russe ;
Thiers lui-même, oubliant son tact habituel,
Lâche Rome et tripote avec Emmanuel !
Telle est, chaque matin, l'antienne évangélique
Qu'entonnent les canards de la dévote clique.

Le combat décisif va se livrer demain!
Pour l'honneur de la France et de l'esprit humain,
Au nom de la famille, au nom de la morale,
Il faut frapper au cœur la pieuvre cléricale.
Le polype hideux aux suçoirs étouffants
Ne pouvant nous saisir menace nos enfants;
La sève qui bouillonne en ces jeunes cervelles
L'inquiète; il pressent des natures rebelles,
Filles de la Réforme et de quatre-vingt-neuf.
Pour tuer l'aigle, il veut couver l'aiglon dans l'œuf;
Pour troubler sa raison, pour éteindre sa flamme,
Dans des flots d'eau bénite il veut noyer son âme;
Il sait que l'ignorance est le lest de salut
Qui maintient son navire et le mène à son but.
Ce but, depuis Falloux il le poursuit sans trêve,
C'est sa paix sociale à lui, celle qu'il rêve
Pour la tranquillité du trône et de l'autel.
La nôtre est dans ces mots : Suffrage universel!
Justice et Liberté! Travail et République!
Ces armes-là tueront le monstre catholique.

Novembre 1872.

LES COMMISSIONS MIXTES

A Aurélien Scholl.

Du fond du noir sépulcre où, couché comme un juste,
    Dans ton lourd cercueil de métal,
Immobile, tu dors froid, solennel, auguste,
    Vieux chancelier de l'Hospital ;

Toi, qui fis du roi Charle à la rauque poitrine,
    Rougir un jour le front blêmi ;
Toi, dont l'œil foudroya la rousse Catherine,
    Couvant la Saint-Barthélemy ;

Surgis à mon appel! Viens fouler pour une heure,
      Les dalles de ton vieux palais;
Viens voir tes fils bâtards profaner la demeure
      Où, rigide, hier, tu parlais.

Viens! Oh! viens, cher fantôme, ombre grave et sereine,
      Invisible comme Banco,
Viens t'asseoir dans la salle où ta voix souveraine
      Fit tant de fois vibrer l'écho.

Regarde autour de toi; contemple ces vieux juges
      Au visage austère et béat;
Du droit et de la loi, misérables transfuges,
      Ils ont sacré le coup d'État.

Ils ont, comme des chiens ardents à la curée,
      Du maître assiégé le château,
Pour mordre à crocs-perdus dans la pâte dorée
      De son impérial gâteau.

Devant César vainqueur, ils ont courbé l'échine;
      Leur front a sali le pavé;
Regarde! et tu verras encor sur leur hermine,
      Des taches de sang mal lavé.

                    1872.

LE PREMIER MIROIR

A J.-B. Baujault.

Elle a quinze ans d'hier; elle est seule; elle est nue;
Pour la première fois, dans sa grâce ingénue,
Dépouillé de tout voile, au bord du ruisseau clair,
Elle livre son corps aux caresses de l'air.

Du talon à l'épaule, en renflant sur la hanche,
La ligne monte souple, et sur sa nuque blanche,
Les deux bras relevés pour nouer ses cheveux,
On croit voir remuer ses petits doigts nerveux.

Dans le cristal profond où son front pur se mire,
Épelant sa beauté, naïve, elle s'admire.
La vierge qu'envahit un trouble tout nouveau,
N'ose plus respirer, de peur de rider l'eau.

Le miroir pastoral de la païenne idylle
Reflète avidement sa gorge juvénile,
Et sur l'onde où le ciel a versé sa couleur,
Sa bouche en fleur appelle une autre bouche en fleur.

Papillon féminin, cœur muet et candide,
L'amour saura bientôt briser ta chrysalide ;
Vienne le chaud baiser de l'amant triomphant,
Et la femme demain remplacera l'enfant !

Mai 1873.

LE BON BOCK

A Édouard Manet.

C'est bien lui, le plus gai de mes vieux camarades,
Un buveur de combat, grand lampeur de rasades,
Plantureux compagnon dont le vaste palais
Savait humer le piot comme feu Rabelais.

Il a bien déjeuné ; la marée était fraîche,
Le bifteack cuit à point, et bien mûre la pêche ;
D'un cru de vieux Chablis le tout fut arrosé,
Car je vois sous sa peau courir le sang rosé.

Il a pris son café; sur une vaste chaise,
Son torse monacal s'affaisse tout à l'aise;
La blanche pipe aux dents, il fume un pur tabac,
Et sa main tient le bock qu'il préfère au cognac.

C'est bien lui, comme hier rétif à la tristesse;
Railleur et souriant comme aux jours de jeunesse;
Son œil pailleté d'or, luit tout émérillonné,
Et son petit nez rond de laque est sillonné.

Heureux homme! Il a vu les tristesses du siège;
Le caban sur le dos, sous l'obus et la neige,
Il a fait comme nous son devoir au rempart;
De nos cinq milliards il a payé sa part;

Il a vu la Commune et ses sombres batailles;
Il lit depuis deux ans les sermons de Versailles,
Et tous les jours, automne, hiver, printemps, été,
Il boit, mange et digère avec sérénité.

Mai 1873.

L'ILLUSTRE THÉATRE

DE LA PORTE MONTMARTHE

A Charles Monselet.

Il faut qu'avant peu je te parle
Des ours que j'ai mis de côté ;
Je ne veux pas mourir, mon Charle,
Avant d'être représenté.

Tu vas construire un grand théâtre
Où Lalande prodiguera

L'argent, l'or, le marbre et l'albâtre,
Comme Garnier à l'Opéra.

La salle élégante et commode
Sera confite en gens bien nés,
Lorgnant les femmes à la mode
De leurs fauteuils capitonnés.

Saint-Victor, les soirs de première,
N'aura plus l'air de s'ennuyer;
Les gommeux, changeant de manière,
Feront des mots dans le foyer.

Les cocottes dans l'avant-scène
Se tiendront convenablement;
Blanche ne fera plus de scène
Au vieux boyard son fol amant;

Elle sera toute au poète
Dont l'art la passionnera,
Et ne tournera plus la tête
A l'heure où Capoul entrera.

Gavroche utilisant l'entr'acte,
Convertira ses compagnons ;
Sa main sur la foule compacte,
Ne lancera plus de trognons.

Pas d'ouvreuse mal avisée,
Ni de contrôleurs arrogants ;
La claque métamorphosée
Pour applaudir mettra des gants.

Les critiques les plus acerbes,
Loups-cerviers changés en agneaux,
Trouveront tes pièces superbes
Et les loueront dans leurs journaux.

Sur la scène vaste et profonde,
Machinée admirablement,
Les premiers artistes du monde
Joueront alternativement.

Tous les acteurs auront des têtes
D'Apollon ou d'Antinoüs ;

Les actrices, beautés complètes,
Chez moi, poseront pour Vénus.

Dans des décors, splendides toiles
Que Poisson, Chérêt brosseront,
Les danseuses presque sans voiles,
Jusqu'aux frises rebondiront.

L'orchestre toujours en mesure,
Répugnant au vieux pot-pourri,
Sera conduit d'une main sûre
Par le minuscule Sivry.

Paul Arène ton secrétaire,
Poète d'esprit et de tact,
Assouplira son caractère
A ton large et moelleux contact;

Se souvenant des trop longs jeûnes
Et des angoisses du début,
Il aplanira pour les jeunes
L'âpre chemin qui mène au but.

Pendant que toi, fin diplomate,
Spéculant sur les vanités,
Avec maint auteur que l'on flatte,
Tu signeras de bons traités.

Je fais des vœux pour ce théâtre
Où, fixant le destin changeant,
Chaque soir la foule idolâtre
Apportera des tas d'argent.

Ta caisse ? Je l'ai commandée ;
Une caisse à triples secrets,
De cuivre et d'acier pur blindée,
Une caisse forgée exprès ;

Une caisse exceptionnelle
Comme on en voit chez les banquiers,
Prison muette et solennelle
Murant l'or et les bleus papiers.

Et lorsque finira l'année,
Inimitable directeur,

Prouvant à la Bourse étonnée
Ce que peut un littérateur,

Je te vois, Crésus débonnaire,
Éventrant les sacs entassés,
Compter au moindre actionnaire
Des dividendes insensés !

       1873.

VICTOR HUGO

APRÈS AVOIR LU *MES FILS*

A Auguste Vacquerie.

ans ce livre superbe où la tendresse abonde,
Où la douleur déborde, hymne grave et vainqueur,
Plein de grandeur sévère et de pitié profonde,
D'un juste, à chaque page, on sent battre le cœur.

Du berceau rayonnant où tu les vis sourire,
A la tombe où leurs yeux pour toujours sont fermés,
Ceux qui les ont connus, ceux qui les ont su lire,
D'un regard fraternel suivent tes bien-aimés.

On les voit, à vingt ans, mener la vie austère
Du grand proscrit bravant Sylla dans son exil,
Et l'on entend leurs voix sur ton roc solitaire,
Aux chants de ton hiver mêler leurs chants d'avril.

Au bruit que fit l'empire en croulant dans sa honte,
De la France écoutant l'appel désespéré,
Ils reviennent tous deux, l'âme au courage prompte,
S'enfermer avec toi dans leur Paris sacré,

Et chaque soir, quittant le fusil pour la plume,
Convaincus que l'idée un jour tuera le fer,
Ainsi qu'un chaud rayon qui dans la nuit s'allume,
Leur prose ardente et fière éclaire notre enfer.

La faim ayant vaincu, quand le Teuton farouche
Sur nos pavés souillés traîna ses lourds talons,
Un dernier cri d'espoir s'échappant de leur bouche,
Pour la revanche armait nos futurs bataillons.

Puis, flétrissant l'orgie où Versailles se vautre,
Chacun poursuit sa tâche avec un mâle orgueil,
Jusqu'à l'heure où la mort les prend l'un après l'autre,
Et te laisse pleurant sur un double cercueil.

Le monde alors put voir, enseignement sublime,
Ton âme déchirée oublier sa douleur,
Pour consoler tous ceux que le vainqueur opprime
Et prédire à la terre un avenir meilleur.

Semeur de liberté, tu dis au triste esclave :
« La force va mourir; le droit aura son tour. »
Vengeur clément, ta voix mélancolique et grave
Nous parle de devoir, de justice et d'amour.

APRÈS AVOIR LU LA DEUXIÈME SÉRIE DE LA *LÉGENDE DES SIECLES*

A Madame Drouet.

O maître incomparable, orgueil de l'univers,
Géant superbe et doux, dont le front magnifique
Se dresse rayonnant, fier et mélancolique,
Au-dessus de la foule attentive à tes vers ;

Consolateur divin à la parole auguste,
Apôtre du devoir dont la mâle vertu

Sans jamais défaillir a toujours combattu
Pour défendre le droit et proclamer le juste;

Vieillard jeune et viril, tendre et fort à la fois,
Qui parles haut à l'homme et souris à l'enfance,
Ennemi-né de tous les fauteurs de souffrance,
Tenace encourageur des peuples aux abois;

Grand cœur brûlé d'amour, dont la flamme féconde
Ainsi que le soleil qui brille aux jours d'été,
Pour la moisson du bien mûrit l'humanité,
Tu viens en t'entr'ouvrant de réchauffer le monde!

Ta voix, clairon d'un siècle enclin à sommeiller
Après quatre-vingts ans de batailles hardies,
Secouant la torpeur des âmes engourdies,
Comme un coup de canon vient de nous réveiller;

Et, dominant le bruit des débats politiques,
Étouffant les clameurs des partis insensés
Qui rêvent le retour des despotes passés,
Éclate, souveraine, en accents prophétiques.

Les grands et les petits pressés pour t'écouter,
De la fraternité sentant l'heure prochaine,
Pour la première fois se regardent sans haine,
Et tout prêts de s'aimer renoncent à lutter.

Oh! parle-nous sans cesse, et que ta voix sonore
Au cœur de nos enfants retentisse demain.
Ne te repose pas, ouvrier surhumain;
Les méchants t'ont laissé de la besogne encore!

La terre n'est pas libre; il reste des tyrans;
La jeune République a besoin de ton aide;
Il lui faut ton levier, ô puissant Archimède,
Pour la pousser au port sur les flots fulgurants;

Tu dois toujours combattre, éblouissant l'histoire,
Pareil aux vieux Titans, ces sublimes guerriers,
Jusqu'au jour où, pliant sous le poids des lauriers,
Tu tomberas comme eux, écrasé par ta gloire!

LE CENTENAIRE DE VOLTAIRE

A Paul Meurice.

Es-tu content, Voltaire? Et le *hideux sourire*
Raillé chez Marion par Alfred de Musset,
Est-il assez vengé par le grand porte-lyre,
Dont l'ardente parole, hier retentissait?

Le poète, d'un mot, a déchiré les voiles
Jetés par Loyola sur ton nom consacré,
Et ton ombre accoudée au balcon des étoiles,
A dû tendre la main à ce frère inspiré.

Après toi, rappelant Calas et de La Barre,
Du feu de sa colère il a brûlé nos cœurs
Et maudit comme toi, cette époque barbare
Où, du droit, juge et prêtre étaient toujours vainqueurs.

Il a flétri ce temps, dont nuit et jour ta plume
Dénonçait les horreurs et les iniquités,
Et d'un marteau d'airain, sur sa divine enclume,
Forgé l'acier béni des grandes vérités.

En te glorifiant, sa voix, comme un tonnerre
Grondait, et, du théâtre où nous étions pressés,
S'en allait vengeresse aux deux bouts de la terre,
Formidable, crier aux tyrans : C'est assez !

LE 26 FÉVRIER 1880

A] douard J((k

Grand-père idolâtré de la mignonne Jeanne,
La fraîche fleur espiègle éclose à ton soleil,
Illustre et doux aïeul qui lui contais *Peau d'Ane*,
Épiant sur sa lèvre un sourire vermeil ;

Toi, qui, le cœur gonflé, baisant le front de George,
Croyais revoir ton Charle avant l'heure emporté,
Et, domptant les sanglots qui t'étreignaient la gorge,
A son fils attentif enseignais la bonté ;

C'est au nom des enfants dont tu parles la langue,
De ces blonds chérubins que couve l'avenir,
Que j'ai voulu rimer ma petite harangue
Et t'envoyer, ô maître! un humble souvenir.

L'enfance, c'est l'amour; c'est la joie et le rêve;
C'est l'aube souriant un matin de printemps;
C'est la rose en avril, l'arbuste plein de sève,
L'oiselet babillard aux trilles éclatants;

C'est la beauté, la force et le génie en germe,
La promesse superbe et les virils espoirs;
C'est l'innocence enfin, l'âme à fleur d'épiderme,
La candeur qui se lit dans des yeux bleus ou noirs;

C'est l'ange que sur terre, un jour, le ciel apporte,
La faiblesse qui pousse aux efforts surhumains;
C'est elle qui, ce soir, passant devant ta porte,
T'enverra des baisers de ses petites mains!

LE LAMENTO DU PHOTOGRAPHE

A Ernest Duez

MI, voilà plus de six mois
Que j'espère en vain ta visite,
Et je songe aux jours d'autrefois,
Ces beaux jours envolés si vite.

Mes cheveux blancs n'étaient que gris;
Quand avril parfumait la plaine,
A l'ombre des rameaux fleuris,
Nous choquions notre coupe pleine.

S'il t'en souvient?... Je n'étais pas
Rétif aux franches algarades;
Comme toi j'ai marqué le pas
Aux plus gais de nos camarades.

Il me semblait, quand le printemps
Des frais lilas rosait l'aigrette,
Comme vous tous avoir vingt ans,
Et je marchais à votre tête.

J'allais, muselant mes soucis,
Enivré de votre jeunesse,
Au nez des amoureux transis
Dire des vers à leur maîtresse.

De Sisyphe, le lourd rocher
Semblait léger à mes épaules;
Je l'aurais porté sans broncher
De l'Atlantide jusqu'aux pôles.

Retardant le fatal adieu
A la chimère poursuivie,
Je t'admirais, beau comme un dieu,
Marchant souriant dans la vie;

Et mon esprit, alors sans fiel,
Comme le tien ouvrait son aile,
S'élançant dans le bleu du ciel
Plus haut que la brune hirondelle.

Que s'est-il donc passé, dis-moi ?
Quelle est la Dalila nouvelle
Qui te tient courbé sous sa loi ?
Dis : cette femme, quelle est-elle ?

Serait-ce un ange ? Est-ce un démon ?
Est-elle blonde ? Est-elle brune ?
Va-t-elle à Mabille ? au sermon ?
Est-elle riche ou sans fortune ?

Ton cœur, brillant caméléon,
Va-t-il enfin faire peau neuve ?
Veux-tu tenter comme Léon,
La matrimoniale épreuve ?

Je veux savoir, cher vagabond,
Quelle ambition te tourmente ?...
As-tu pu sauter d'un seul bond
Jusqu'au pays d'or de la rente ?

Serais-tu devenu boursier ?
Rothschild t'a-t-il ouvert sa caisse ?
Comme cet idéal banquier
Dictes-tu la hausse ou la baisse ?

Rêves-tu d'être homme d'État
Et d'avoir un siège à la Chambre ?
Comptes-tu t'asseoir au Sénat
Où, hier, Vinoy fit antichambre ?

Fabriques-tu quelque liqueur
Mortelle pour les engelures,
Ou bien un élixir vainqueur
Éternisant les chevelures ?

Si pour un trafic lucratif,
Tu veux déserter la peinture,
Ne va pas choisir l'objectif :
C'est un instrument de torture !

Ses deux lentilles de cristal
Qu'enferme un long tube de cuivre,
Mènent leur homme à l'hôpital,
Et je te défends de m'y suivre.

Fais-toi plutôt mouchard, huissier,
Montreur d'ours, lutteur, saltimbanque,
Si tu ne veux dans un grenier
Finir tes jours loin de la Banque.

Fais-toi quaker; fais-toi Mormon,
Fais-toi même bonapartiste,
Mais jamais photographe! Oh! non :
Le sort du forçat est moins triste.

Le photographe, ô mon Ernest,
C'est le paria du Bengale;
C'est un lépreux, un Saint-Genest
Que chacun fuit comme la gale;

Et toi-même, ô cœur inhumain,
Bercé par le flot qui te porte,
Tu poursuis, heureux, ton chemin,
Sans t'arrêter devant sa porte.

1875.

LYON

A Charles Quentin.

Je te salue, ô ville artistique et guerrière,
Sombre et bruyante ruche où l'abeille ouvrière,
Loin de la haie en fleurs et des splendeurs du ciel,
Pour les frelons dorés fait la cire et le miel.
Tes fils! Je les connais, mère illustre et féconde.
Leur sang, plus d'une fois, pour le salut du monde,
Coula rouge et fumant sur tes pavés rugueux.
Je les ai vus mourir ces intrépides gueux,

Martyrs du dévouement, ardents au sacrifice,
Pour la liberté sainte et l'humaine justice.

J'ai vu, bien jeune encor, déborder tes faubourgs
Au lointain roulement des sinistres tambours.
Par un matin d'avril, comme une mer houleuse,
J'ai pu voir bouillonner la cuve travailleuse.
Le soir de ce jour-là, me pressant sur son sein,
Dans la ville enflammée, au long bruit du tocsin,
Pâle, rasant les murs criblés par la mitraille,
Ma mère m'emporta loin du champ de bataille.
D'autres mères suivaient entraînant par la main
Des enfants comme moi qui pleuraient en chemin.
Je me souviens encor de ces longues nuits noires
Où l'on ne dormait pas, et des sombres histoires
Que les voisins tremblants se racontaient tout bas.
J'entends toujours ce cri, lugubre comme un glas :
Sentinelles, prenez garde à vous! Cri terrible
Qui rendait l'heure encor plus lente et plus horrible.
Hélas! bien des soleils depuis se sont levés,
Toujours le même sang a rougi les pavés ;
Voilà quatre-vingts ans qu'il coule comme un fleuve,
Et pour recommencer toujours la même épreuve!

Songe à cela, Lyon! Veille sur tes enfants.

Demain comme aujourd'hui, leurs votes triomphants
Déjoueront les complots des diseurs de neuvaines.
Garde pour d'autres temps le carmin de tes veines,
O peuple intelligent courbé sur le métier.
Le triomphe est prochain; vous l'aurez tout entier
Soldats de l'atelier, si vous savez attendre.
Les pièges sont nombreux qu'on a voulu vous tendre;
Éventez-les encor, éventez-les toujours :
Escobar ahuri compte ses derniers jours.
Les sauveurs enfiévrés s'agitent sur leurs couches;
Les plus forts vont brûler leurs dernières cartouches,
Tant mieux! Laissez tirer, mais ne ripostez pas.
Du calme! L'arme au pied! Gare au moindre faux pas!
Ou vous seriez perdus avec la République.
Laissez tous les roquets aboyer sans réplique;
Hercule peut braver le poing des chenapans
Et la lime se rit de la dent des serpents.

1875.

(Proconsulat Pascal.)

LA CHANSON DE L'HÉRITIER

A Émile Garran.

Ami Garran, te voilà riche
De par la nature et la loi ;
La Fortune qui, souvent triche,
Se montre loyale avec toi.

Ton vieil aïeul, un galant homme,
Si j'en crois ce que l'on m'a dit,
Te lègue une importante somme,
Et la Banque te fait crédit.

Adieu le pays de Bohême !
Plus de brocards aux bons bourgeois ;
Tu deviens un bourgeois toi-même :
N'imite pas ceux d'autrefois.

Le paisible et doux locataire,
Orgueil de son hôtel garni,
Se transforme en propriétaire
Comptant ses biens à l'infini.

Tu peux, en prenant des airs dignes,
Toiser les gens du haut en bas,
Dire : Mes bois, mes blés, mes vignes,
Comme un marquis de Carrabas.

Tu peux, ô joie inénarrable,
Compter l'argent de tes fermiers,
Rêver du mandat d'honorable,
Certain d'être-élu des premiers.

Tu peux massacrer sans port-d'armes,
Daims, faisans, lièvres et lapins,
Sans peur que les messieurs gendarmes
Te notent sur leurs calepins ;

Car tu le sais, l'ami Pandore
Aime la notoriété,
Et ne traite de Turc à More,
Que les gens sans propriété.

Tu peux, par ta critique amère,
Troubler les nuits de ton préfet,
Et rendre impossible le maire
Que l'ordre moral t'aura fait.

Tu peux, si ton fier caractère
Répugne par trop au pouvoir,
Bâtir un petit phalanstère
Comme Fourier voulait en voir;

Où tous les soirs de la semaine,
Après le travail accompli,
Exempts d'amertume et de haine,
Nous irions tous chercher l'oubli;

L'oubli des mesquines querelles
Qui nous faisaient bouder jadis,
Et rasséréner nos cervelles
Dans cette opulente oasis,

Où l'amitié, cette fleur rare,
Pourrait éclore librement,
Sans regret du soleil avare
Que Paris voit si rarement.

Où Tonguedec l'archéologue,
A Sauton lirait du Brizeux,
Pendant que Gill l'artiste en vogue,
De Bouvier peindrait les cheveux;

Où Baujault le sculpteur attique,
Déshabillerait Monselet,
Pour modeler le torse antique
De ce gastronome replet;

Où Pompon à la barbe fauve,
Converti, crierait à l'écho :
Jeunes gens, Blanc m'a rendu chauve :
N'allez jamais à Monaco !

Où Léonce Petit, candide,
En faisant sauter les bouchons,
Esquisserait d'un trait rapide,
La queue en vrille des cochons;

Où Moullion, l'aimable faune,
Par Cérès la blonde affolé,
Ferait couler des flots de jaune
Représentant des champs de blé ;

Où Paul Arène, après *l'Ilote*
Deux ou trois cents fois applaudi,
Nous chanterait, brun sans-culotte,
Sa rouge Marche du Midi !

Donne des ronds pour qu'on élève
Cette utile construction ;
Tu peux réaliser mon rêve
Avec le quart d'un million.

Alors séduit, j'irai moi-même,
En quête d'un cliché charmant,
Braquer sur cette autre Thélème,
Le cristal de mon instrument ;

Et j'écrirai pendant la pose,
Sur ton album, les vers suivants :
— La mort est une belle chose
Lorsqu'elle profite aux vivants !

Février 1875.

LE MIRAGE

A Arthur Arnould.

A l'heure du repos, étendus sur la grève,
Las et fermant les yeux, ils voyaient comme en rêve,
Dans la poussière d'or du soir incandescent,
Sur la vague enflammée, un point noir grandissant
De minute en minute, et vers eux, chose étrange,
Comme un Léviathan ouvrant des ailes d'ange,
A travers les écueils s'avancer doucement.
C'était un grand navire au solide gréement,

Aux triples entreponts, à la vaste envergure,
Qui portait à sa proue une mâle figure
Dont l'œil perçant et doux, le front plein de fierté,
Semblaient crier à tous : Je suis la liberté !

Quand le vaisseau géant fut tout près de la terre,
Ses sabords, comme font les bouches d'un cratère,
Crachèrent aux échos les détonations
Des canons que Paris gardait aux bastions.
Sur le pont où les chefs leur donnaient la réplique,
Les matelots criaient : Vive la République !
Et ce cri rédempteur en s'envolant dans l'air,
Réveilla les dormeurs songeant près du flot clair.

« Enfin, l'heure est venue ! Enfin, nous voilà libres !
» Des cœurs la République a fait vibrer les fibres.
» L'air du pays bientôt va gonfler nos poumons.
« Nous allons donc revoir tous ceux que nous aimons,
» Et la femme et l'enfant, et le père et la mère !
» Plus de haine en nos cœurs ! Plus de rancune amère !
» Nous avons tant souffert que nos fronts sont tout blancs.
» Nous apprendrons le calme à nos fils turbulents ;
» Nous leur enseignerons la suprême science
» Qui, sûrement conduit au but : la patience.
» Nous reprendrons ensemble et l'étude et l'outil,

» Pour le seul étranger gardant notre fusil,
» Et le dimanche, après la semaine bien faite,
» Sous la tonnelle en fleurs, d'une âme satisfaite,
» Oubliant le passé terrible et détesté,
» Nous boirons en chantant à la fraternité. »
— Ainsi parlaient joyeux, en courant sur la plage,
Ces vaincus dont l'exil usait le fier courage.

L'un d'entre eux, le plus jeune, un enfant, sur le port
Accoste en souriant un officier du bord,
Le premier descendu sur la rive brûlante,
Lui saisit les deux mains, et d'une voix tremblante,
Lui dit : « C'est donc bien vrai? Nous sommes délivrés?
» Si vous saviez, monsieur, combien nos cœurs navrés
» Depuis cinq ans meurtris par la haine et le doute,
» En proie au désespoir ont saigné goutte à goutte!
» Si je vous racontais les drames effrayants
» Que cette terre a vus; les décès foudroyants,
» Les cerveaux affolés, les poitrines perdues,
» Les malédictions du ciel seul entendues,
» Des hommes enchaînés frappés pour un faux pas;
» Si je vous disais tout, vous ne me croiriez pas!
» — Mais qu'importe aujourd'hui le deuil et la souffrance!
» La République est faite, et vous venez de France,
» Envoyés cette fois par de vrais députés,
» Pour nous rendre à tous ceux que nous avons quittés.

» Soyez bénis, vaillants messagers de concorde.
» Merci pour le bonheur dont notre âme déborde.
» Revoir notre Paris! Oh! rien que d'y penser,
» Notre cervelle bout. Vous pourrez nous tasser
» Autant que vous voudrez dans les flancs du navire;
» Nous ne nous plaindrons pas; vous nous entendrez rire,
» Chanter à pleins poumons les vieux chants du faubourg,
» Et, si du branle-bas résonnait le tambour,
» Si les bras par hasard manquaient à la manœuvre,
» Faites-nous monter tous : vous nous verrez à l'œuvre.
» Nous tiendrons tête aux vents; nous dompterons les flots;
» Nous en remontrerons aux plus vieux matelots,
» Et lorsqu'à l'horizon s'enfuira la tempête,
» Qu'un clair et doux soleil luira sur notre tête,
» Vous vous direz tout bas, par vos cœurs emportés :
» C'étaient de braves gens que tous ces révoltés! »

L'officier se taisait, lorsqu'un cliquetis d'armes
Retentit sur le pont. Des soldats, des gendarmes
Se massaient à bâbord. Les chiourmes hideux
Le revolver au poing, sur le quai, deux par deux,
Farouches s'alignaient formant la double haie.
Leur œil oblique et faux comme un regard d'orfraie,
Semblait guetter joyeux les sinistres chalands
Rangés près du navire et collés à ses flancs.

Les colons désœuvrés fumaient des cigarettes,
Suivant au raz du flot le vol blanc des mouettes.
— Tout à coup, un bruit sourd, un long gémissement
Jaillit des profondeurs du sombre bâtiment.
A l'appel de leur nom, sortant des écoutilles,
Des hommes décharnés, des spectres en guenilles,
Les pieds nus, chancelants, aveuglés par le jour,
Sur les pontons flottants s'entassaient tour à tour.
Des femmes en haillons, dont plus d'une était belle,
Descendaient en pleurant les barreaux de l'échelle
Qu'avaient usés les pieds de tant de malheureux :
Le défilé fut long, pénible et douloureux.
— C'est ainsi qu'un ministre intègre et catholique
Fêtait après Buffet la jeune République.

L'enfant leva la tête, et des yeux du marin
Vit deux larmes couler sur sa face d'airain,
Deux perles de pitié, fleurs limpides de l'âme
Que la pourpre du soir irisait de sa flamme.
Pour la première fois le lutteur de la mer
Sentit sa tâche rude et le devoir amer.
Son cœur qui s'indignait dans sa large poitrine,
Maudit du *Væ Victis* l'implacable doctrine ;
Tous ceux que dans cette île il avait amenés
Lui semblaient des martyrs et non des condamnés ;

Le fils de l'Océan, l'homme du sacrifice,
Pour la première fois douta de la justice,
Et son regard fouillant le ciel immense et bleu,
Comme pour l'accuser semblait y chercher Dieu !

1876.

MOUTIERS-AU-PERCHE

A Émile Bellot.

Ami Bellot, vieux camarade,
Je t'adresse les vers promis ;
Moutiers a guéri le malade :
Écoute un peu comment je vis.

Dès l'aube, vêtu sans recherche,
Comme tu l'es à Lavacour,
Je vais dans les grands bois du Perche,
Aux champignons faire ma cour.

Le nez au vent, sourire aux lèvres,
Humant les parfums du matin,
Je regarde passer les lièvres
Qui vont, gourmands, brouter le thym.

J'entends des chiens courants en quête,
Les aboiements désespérés,
Quand le chevreuil pique une tête,
Comme un vieux clown dans les fourrés.

J'admire la fière stature
De l'ami Charlot, l'œil au guet,
Droit campé comme une sculpture
De Michel-Ange ou du Pujet ;

Maître Jean qui se silhouette
Comme un Millet sur le ciel bleu ;
Le gars Morin, un doux athlète
Qui bûche le bois du bon Dieu ;

L'ami Thorel qui vend des lattes
Pour couvrir le toit du voisin,
Et dont les lèvres écarlates
Sont teintes du sang du raisin.

Je pousse jusqu'à la *Sonnette*,
Un ruisseau limpide et bavard,
Où, dédaignant la blanche ablette,
Je prends l'écrevisse avec art.

Je regagne la maison grise
Où dame Charles, chaque jour,
Flatte avec soin ma gourmandise,
Au risque d'un plus long séjour.

Docile, je me laisse faire
Et dorloter comme un vieux chat,
Qui se pelotonne et préfère
Le far-niente au plus beau rat.

Comme toi, fidèle aux principes,
Je bourre et j'allume avec soin,
Après dîner, deux ou trois pipes,
Buvant le cognac du bon coin.

L'alcool déliant nos langues,
Nous évoquons le bon vieux temps,
Le temps des brûlantes harangues
Aux Musettes de nos vingt ans;

Nous égrenons la longue liste
Des vieux amis, grands et petits,
Et nous songeons à l'heure triste
Où, pour toujours, ils sont partis.

« Ils sont morts, jeunes, sympathiques
» Et beaux, l'âme et le front brûlants,
» Répétons-nous, mélancoliques. »
Nous?... Nous avons des cheveux blancs.

Puis, notre main plus fort se serre
Sentant la tristesse venir,
Et chacun remplissant son verre,
Le choque avant d'aller dormir.

1876.

LES VIOLETTES

A Jules Claretie.

O vous, qui vous cachez timides,
Dans l'ombre des grands bois humides,
Comme le muguet et le thym;
Douces fleurs des humbles aimées,
Dont les corolles embaumées
S'ouvrent aux baisers du matin;

Sœurs modestes des primevères
Qu'abritent les vieux chênes sévères

Et qui parfumez la forêt,
Vous, qui devancez l'hirondelle,
Et tous les ans, venez comme elle,
Nous dire : Le printemps est prêt ;

Richesse du pauvre éventaire,
Qui souriez au prolétaire
Et le décorez pour deux sous,
O violettes adorables,
Gaîté des logis misérables,
L'empire s'est rué sur vous ;

Les vieux bandits du deux décembre,
Les matamores d'antichambre,
Semeurs de haine et de malheurs,
Les mouchards aux regards obliques,
Tous les ratapoils catholiques
Profanaient vos chastes couleurs ;

Au corsage opulent des filles,
Au veston des fils de familles,
Vos frais pétales de velours
Souvent se sont flétris de honte,
Pendant que se réglait le compte,
Tarif des cyniques amours.

Mais aujourd'hui, fleurs adorées,
Sans peur d'être déshonorées
Vous pouvez parer les grands bois,
Loin de la horde famélique ;
Le soleil de la République
Vous rend les candeurs d'autrefois.

1877.

LE REPORTER DE LA MORT

A Laurent Pichat.

Un homme de génie, en silence agonise ;
Les siens sont près de lui, baisant sa tête grise,
Étouffant leurs sanglots et couvant du regard
Le front moite et glacé de l'illustre vieillard ;
L'âcre odeur de la tombe emplit déjà la chambre ;
La mort vient : tout se tait. — Soudain, dans l'antichambre,
Un bruit sec de talons résonne bruyamment.
— Qu'est-ce donc ? dit le fils. Qui peut, en ce moment,

Venir ainsi troubler le deuil de la famille?...
— C'est peut-être un ami, mon frère, dit la fille;
Notre père en avait, tu sais bien, autrefois.
— Autrefois, pauvre sœur, mais depuis quelques mois?...

Comme ils parlaient, un homme à mine souriante,
Entre et salue avec une grâce charmante
Le couple désolé qui se lève interdit.
— « Pardon! Mais au journal, tout à l'heure, on m'a dit
» Que votre père allait mourir ce soir, peut-être.
» Comme demain, la feuille à l'aube doit paraître,
» Je veux à nos lecteurs raconter le premier
» Comment *passe* un artiste, et de son mobilier,
» Si vous le permettez, faire aussi l'inventaire. »
Puis, s'asseyant, prenant l'air grave d'un notaire,
Il tire son carnet et, d'un œil connaisseur,
Ainsi que fait un vieux commissaire priseur,
Il va, du moribond qui râle, à la muraille,
Pousse un cri joyeux, car — précieuse trouvaille! —
Les vieux tableaux, au lieu d'être accrochés au mur,
Sont déposés à terre. — Il était fou, bien sûr,
Murmure-t-il tout bas, en fixant le malade.
« — *Quel désordre!* — Après ça, Gaston mon camarade,
» Prétend que le cher homme allait *déménager*.
» S'il déménage, hélas! ce n'est pas *pour changer*

» *De domicile.* — Tiens! C'est un mot de nouvelle :
» Il est bon! L'avez-vous compris, mademoiselle?...
» Dites-moi donc combien il avait de loyer?
» *Quinze cents francs*, je crois?... C'est un joli denier.
» — *Cinq pièces*, n'est-ce pas? Pourquoi toutes ces chambres?
» Celle-ci suffisait pour reposer ses membres.
» — Savez-vous bien, monsieur, que ce vieux *bateleur*
» Possède des objets *de certaine valeur?...*
» Comme dans *Don César*, il tirait sa flamberge!
» Ah! vous ne savez pas?... Non?... Son ancien concierge
» *Du treize*, qui croyait qu'il était *menuisier*.
» — Quel dommage qu'il ait été *si dépensier!*
» C'est égal, après tout; *c'était un grand artiste!*
» *Il avait du génie!* — Adieu! Soyez moins triste,
» Monsieur : consolez-vous. Donnez-moi votre main,
» Madame; vous lirez mon article demain. »

Voilà donc ce qu'un homme aujourd'hui peut écrire!
Eh quoi? Vous aurez fait trembler, pleurer et rire
Les pères et les fils. Deux générations
Vous auront prodigué leurs acclamations;
Vous aurez, cinquante ans, tendre, fier ou farouche,
Suspendu tout un peuple aux plis de votre bouche;
Vous vous serez cent fois incarné dans *Ruy-Blas*,
Dans *Gennaro*, dans *Kean* et dans *Tragaldabas*,

Ces œuvres d'où jaillit l'esprit ou la lumière,
Pour qu'un scribe s'en vienne à votre heure dernière,
Violer votre seuil ainsi qu'un confesseur
Qui, sans être appelé, court au libre-penseur.
Non! non! mille fois non! Il est temps qu'on le dise :
Lorsqu'un homme, un artiste, un génie agonise,
Il faut fermer sa porte aux Javerts éhontés
Qui, pour quelques louis rapidement comptés,
Croque-morts de la plume à l'affût d'une affaire,
Forceraient son cercueil si nous les laissions faire.
Il faut monter la garde autour de nos grands noms
Et renvoyer ces fous à tous leurs cabanons ;
Il faut, petits et grands, nous armer de colère,
Éteindre sans pitié le gaz qui les éclaire,
Les repousser du pied et leur dire bien haut
Que le deuil se refuse à subir leur assaut,
Afin que nos chers morts bravant *Polichinelle* [1],
Puissent entrer en paix dans la nuit éternelle.

---

1. Pseudonyme du signataire de l'article, paru le lendemain de la mort de Frédérick Lemaître.

(*Note de l'*Auteur.)

LES ENFANTS DE LA MINE

A Madame veuve Dorian.

Le sol est noir; la ville est noire, et le ciel sombre
Semble, au lieu de clarté, laisser tomber de l'ombre.
Des fours à coke, au loin, comme un grand feu-follet,
Danse la flamme rouge au sulfureux reflet.
Une âcre odeur de gaz vous saisit à la gorge;
On écrase en marchant des résidus de forge;
Pas de fleurs! L'herbe est rare, et les grands rochers gris,
De voir un arbre vert paraissent tout surpris.

Les maisons au toit roux, aux murs couleur de suie,
Ont comme un morne aspect de prison qui s'ennuie.
A peine quelque enfant en jouant sur le seuil,
Trouble-t-il de ses cris le silence et le deuil
Qui semblent oppresser cette terre maudite.
C'est la cité dolente à la joie interdite ;
C'est un cercle d'enfer par le Dante oublié,
Le bagne souterrain où, rampant et plié,
L'homme, comme un forçat sublime et volontaire,
Dans la mine aux flancs durs résolûment s'enterre.
— Sous le toit du hangar aux planches sans couleur,
Le puits large et béant attend le travailleur.
La banne boulonnée à la quadruple chaîne,
Dans le gouffre descend de la matière humaine.
Des bambins de douze ans, tenant la brune main
Du père, dans la nuit, suivent l'obscur chemin
Qu'ainsi que leurs aînés ils fouleront sans cesse :
Ils savent que pas un n'atteindra la vieillesse,
Qu'importe ! Ils vont, quand même au-devant du devoir ;
Ils vont, sevrés du jour qu'ils n'ont fait qu'entrevoir,
Sans crainte de la mort qui les guette au passage,
Commencer bravement leur rude apprentissage.
Plus de joyeux sourire et plus de teint vermeil !
Quelquefois, le dimanche, ils verront le soleil ;
Et la mère en baisant leur chevelure blonde
Trouvera que pour eux la mine est bien profonde,

Que le ciel n'est pas juste et, qu'ailleurs, sur les monts,
D'autres enfants d'air pur emplissent leurs poumons;
Que le pain est trop dur à gagner de la sorte,
Que pour elle, cent fois, mieux vaudrait être morte,
Puisqu'il lui faut trembler à chaque heure du jour,
Pour ceux qu'un sort fatal ravit à son amour.
— Puis, songeant que son homme a fait la même tâche,
Qu'il a, pendant vingt ans, combattu sans relâche,
Qu'il ne s'est jamais plaint et qu'il l'aime à plein cœur,
Que du grisou, demain, il peut être vainqueur,
La pauvre et digne femme à moitié consolée,
Plongeant sa maigre main dans la tête bouclée
Du chérubin chéri qu'elle allaitait jadis,
Lui dit : Embrasse-moi! Va travailler, mon fils.

1876.

ROUVIÈRE

A Charles de Serres.

Cher Rouvière, les morts vont vite !
Et Paris, ce grand oublieux,
A Ventadour se précipite
Pour voir Rossi le glorieux.

La presse exalte d'un air tendre
Son dos, sa face et son profil :
L'homme qu'elle ne peut comprendre,
Est d'autant plus grand, paraît-il ?...

Pendant qu'au ciel monte l'antienne
Des aristarques convaincus,
Pas un, de toi, qui se souvienne!
Les morts sont doublement vaincus.

Pas un qui songe à l'heure triste
Où nous t'avons enseveli,
Pauvre grand cœur, superbe artiste,
Aujourd'hui noyé dans l'oubli!

Nous étions *sept* pour te conduire
Navrés, au dernier rendez-vous.
Le clair soleil n'osa pas luire
Ce sombre matin-là, sur nous.

Nos fronts pleins d'amères pensées,
Vers le trou béant se courbaient,
Et, de nos paupières baissées,
De brûlantes larmes tombaient.

Nous nous rappelions ton martyre,
O fier irrégulier de l'art,
Mort victime de la satire
D'épais critiques de hasard.

Pendant que lourdement la terre
Croulait sur ton mince cercueil,
Devant moi, pâle et solitaire,
Surgit le jeune Hamlet en deuil.

Nous rêvions à ce soir de fête
Où, réalisant sous nos yeux
Le rêve du divin poète,
Tu nous apparus radieux.

Je croyais voir briller dans l'herbe
Le crâne du fou d'Elseneur,
Et j'entendais ta voix acerbe
Interroger le fossoyeur.

Je te revoyais, l'œil en flamme,
Guettant Claudius frémissant,
Et, tout à coup, devant l'infâme,
Rugir terrible et menaçant !

Scène admirable et sans pareille,
Où l'acteur valut le héros.
J'entends encore à mon oreille
Le long tonnerre des bravos.

Maintenant, on rit ! Le théâtre
Raille ceux qui l'ont illustré;
De l'orchestre à l'amphithéâtre,
On blague aujourd'hui l'art sacré.

Il faut pour applaudir Shakespeare,
Qu'Hamlet soit beau comme un ténor,
Qu'il chante, roucoule et soupire,
Et qu'il s'habille en Almanzor!

Que ferais-tu si, par prodige,
Tu ressuscitais parmi nous?
Rien! Le théâtre est mort, te dis-je,
Et l'on te jetterait des sous.

Reste donc dans le cimetière
Où, hier encor, je t'ai cherché;
Dors en paix dans l'étroite bière
Où, pauvre, nous t'avons couché.

Mais avant que mon front succombe
Sous le poids des maux à venir,
Laisse-moi jeter sur ta tombe
L'immortelle du souvenir!

1877.

RASPAIL

A Benjamin, Camille, Émile & Xavier Raspail.

Je l'ai vu, sur son lit, froid, solennel, auguste,
Immobile et rigide, endormi comme un juste
Que la mort a fait libre, et j'ai courbé le front
Devant ce grand vieillard dont nos fils parleront.

Tremblant, j'ai salué le citoyen modèle
Qui, soixante ans, au peuple est demeuré fidèle,
Le lutteur qui, vaincu, jetant son vieux fusil,
Sut affronter pour lui la prison et l'exil.

Remontant le passé plein de fiel et de haine,
Songeant au sang versé dans la bataille humaine,
Où les meilleurs tombaient au milieu du chemin,
Du martyr vénéré j'osai presser la main.

Cette main, ô prodige! au contact de la mienne,
Sembla se réchauffer; la chair marmoréenne
Se fit tiède et souple, et je ne sais comment
Le cadavre pour moi revécut un moment.

Un instant je crus voir sa paupière alourdie
S'entr'ouvrir, et son œil à la flamme hardie,
Superbe, étinceler comme dans les grands jours
Où Barbès son héros le rencontrait toujours.

Ses lèvres murmuraient quelques phrases sans suite
D'où jaillissaient ces mots : Roi! Misère! Jésuite!
Puis, sonore et vibrant comme un suprême appel,
Un grand cri s'échappa de son cœur fraternel :

« Amnistie! amnistie! Oubli! Miséricorde!
» Pitié pour les vaincus! Amour, paix et concorde!
» Sénateurs, députés, voilà plus de sept ans
» Que vous faites les sourds. Écoutez, il est temps! »

Et la voix s'éteignit comme un chant de prophète.
Un rayon de soleil au mort vint faire fête ;
Le corps reprit soudain son immobilité,
Mais le front rayonnait d'une étrange clarté !

9 janvier 1878.

LA REVANCHE

A Charles Laurent.

La Revanche ?... Elle est là, s'étalant au soleil,
Superbe, et rayonnant d'un éclat magnifique.
La France du progrès robuste et pacifique,
Dans l'azur idéal dresse son front vermeil.

Après sept ans de deuil, d'angoisse et de souffrance,
Après l'invasion, après Paris vaincu ;
Les milliards payés jusqu'au dernier écu ;
La grande nation chante sa délivrance.

Ses enfants réunis dans un immense chœur,
Entonnent l'hosannah merveilleux et sublime
Que les peuples sans rois, d'une voix unanime,
Avant qu'il soit vingt ans, rediront à plein cœur.

Pendant qu'à l'Orient le sang rougit la terre,
Que la mort fait appel aux bras des fossoyeurs,
Nos soldats désarmés, devenus travailleurs,
Ont pris, las du fusil, l'outil du prolétaire,

Et le monde étonné s'écrie en les voyant :
« Quel est donc ce pays, cette contrée étrange
» Où, soudain la défaite en victoire se change,
» Et trouble le vainqueur au glaive flamboyant?

C'est Paris! *La cité de lauriers toute ceinte,*
— Comme l'a dit Barbier en des vers immortels —
A qui l'humanité dresserait des autels
Si le canon prussien eût forcé son enceinte.

Paris! Cette fournaise où tous les grands esprits
Viennent se réchauffer et déployer leurs ailes,
Ce volcan qui crépite et dont les étincelles
Vont rallumer l'espoir dans le cœur des proscrits.

Paris ! Ce grand martyr de la guerre civile
Dont le sang arrosa toutes nos libertés,
Paris, qui compte encor des enfants déportés,
Paris, l'incomparable et courageuse ville ;

Le phare colossal, l'astre auguste, éclatant,
Qui, sur les fronts obscurs verse à flots la lumière,
C'est la ville affranchie et libre la première,
Dont la main maternelle à l'univers se tend.

1er Mai 1878.

LE 30 JUIN

A Henry Céard.

O vous, les premiers nés de l'humaine famille,
Dont le marteau d'airain démolit la Bastille,
Vous, les vieux forgerons qui, faisant tête au roi,
Sur l'échafaud sanglant avez forgé la loi;
Laboureurs du progrès dont le soc salutaire,
Pour semer le bon grain bouleversa la terre;
Titans du Tiers-État qui fîtes peur aux dieux,
Sublimes parias, indomptables aïeux,

Vous, les soldats sans peur, vous, les martyrs stoïques,
Vous tous, les combattants des heures héroïques,
Oh! que n'avez-vous pu, désertant le tombeau,
Ressusciter pour voir votre Paris plus beau,
Plus grand, plus fier et plus incomparable encore
Qu'à l'heure où, libre enfin, il saluait l'aurore
Du matin fulgurant où, dans sa puberté,
Lui sourit dans l'azur la jeune liberté!

Que n'étiez-vous là, tous, pendant cette journée
Où l'âme de la France à l'amour obstinée,
De sa flamme embrasait deux millions de cœurs,
Pour entendre les voix de ces immenses chœurs
Chantant à l'unisson les airs de la patrie,
Pour contempler, ravis, cette épique féerie
Déroulant longuement ses merveilleux décors!
— Consolés du passé plein de sinistres morts,
Oubliant les bûchers allumés sur la grève,
Pour brûler des souffrants l'espérance et le rêve,
De vos viriles mains vous eussiez pu bénir
Le front de vos enfants saluant l'avenir,
L'avenir de bonheur que votre œuvre féconde
Avait su préparer pour affranchir le monde.
Vous eussiez pu juger des progrès accomplis
Par vos fils, en voyant le *Coq*, l'*Aigle* et les *Lys*,

Ces emblèmes maudits sources de tant de larmes,
Céder enfin la place aux R. F. seules armes
Que désormais la France inscrit sur son blason.
— La honte et le malheur mûrissent la raison
Des peuples. Nous avons, en relisant l'histoire,
Compris que c'est à vous que nous devons la gloire
D'avoir fait admirer à l'univers surpris
Ce que libre, une fois, pouvait créer Paris!
— Soyez bénis cent fois par les fils, par les mères;
Grâce à vous, aujourd'hui, plus de larmes amères;
Plus de deuil, d'esclavage, et plus de haine aussi!
Hier, l'humanité vous a crié : Merci!
Le peuple des faubourgs, cet artiste-poète,
Mêlait, reconnaissant, vos grands noms à sa fête,
Et, sûr de déjouer les complots à son tour,
Tout son cœur débordait de concorde et d'amour.
Plus de divisions, de sectes, ni de castes!
Plus de partis! Partout des flots enthousiastes
De citoyens heureux et de fronts triomphants!
Une foule innombrable, où de roses enfants
Ouvrant leurs yeux ravis, avaient l'air de comprendre,
Souriaient aux drapeaux qu'ils essayaient de prendre
De leurs petites mains pour imiter les grands!
Plus rien qu'un sentiment confondant tous les rangs :
L'amour de la patrie et de la République
S'affirmant au grand jour de la place publique,

Et la fraternité, rêve de nos aïeux,
Souriant à la paix dans la clarté des cieux!

1878.

LE 14 JUILLET

A Catulle Mendès.

I

Louis Quinze était mort, laissant la Dubarry
Pleurer du bout des cils son vieil amant pourri.
Louis Seize mangeait et forgeait des serrures.
La reine à Trianon essayait des parures,
Livrait ses blonds cheveux aux mains de Léonard,
Jouait à la laitière ou chantait du Mozart.
Le trésor était vide, et la France écrasée
Pressait en sanglotant sa mamelle épuisée.

La féconde nourrice était à bout de lait :
Depuis le maître altier jusqu'au dernier valet,
Chacun avait mordu sa gorge à pleine bouche.
Le peuple s'agitait menaçant et farouche ;
Parfois, dans son œil sombre, un éclair de fierté
Étincelait, terrible, au mot de liberté ;
Son front large et puissant se plissait de colère,
Car l'éternel martyr, las du joug séculaire,
Comprenait à la fin que, s'il avait voulu,
Il eût brisé cent fois le trône vermoulu
Des monstres couronnés qui torturaient sa race.
Versailles cependant, riait de sa menace,
Et les gardes du corps chantaient à l'unisson,
Loin du rude censeur, leur cynique chanson.
Après chaque refrain le gouffre de la dette
Allait s'élargissant. L'hiver et la disette
En dépit de Necker, décimaient le pays.
On gelait en province ; on mourait à Paris ;
Et chaque jour, sans pain, les mères de famille,
Hâves, passaient montrant le poing à la Bastille.

II

Le sinistre château par Aubryot construit,

Se dressait menaçant et sombre dans la nuit.
Par moments, le vent chaud qui soufflait de Versailles,
Venait lécher, brûlant, les massives murailles
Du colosse de pierre immobile et muet.
Sur le sommet des tours, les soldats, l'œil au guet,
La main sur leur mousquet et l'oreille tendue,
Semblaient interroger le bruit et l'étendue.
Le faubourg Saint-Antoine était plein de rumeurs.
Du centre de Paris, de confuses clameurs
S'élevaient. Le tocsin, comme un signal d'alarmes,
Appelait en grondant les citoyens aux armes.
L'avide de Launay, le gouverneur maudit
Schylock des prisonniers, écoutait interdit
Mais résolu, le bruit de cette grande houle
Que font en bouillonnant l'Océan et la foule ;
Ses vieux canons chargés, ses Suisses dans la cour,
Tranquille, il attendait les ordres de la Cour.

III

Le quatorze juillet, séchant la terre humide,
Le soleil apparaît éblouissant, splendide,
Et ses rayons dorant les toits du vieux Paris,
Embrasent aussitôt les cœurs et les esprits.

Dix mille citoyens portant comme Camille,
Le rameau vert au front, marchent vers la Bastille.
Artisans et bourgeois, bras dessus, bras dessous,
Entraînent des soldats au commun rendez-vous.
Santerre arrive, Hulin le suit avec sa hache;
Derrière eux vient Marceau cette hermine sans tache;
Maillard l'apôtre, Elie un noble et doux héros,
Se hâtent des premiers pour briser les barreaux
De l'infâme prison étonnée et tremblante.
Des canons sont braqués et leur gueule hurlante,
En criblant de boulets le donjon détesté,
Semble crier à tous : Voici la liberté!
Les assaillants fauchés par la grêle des balles,
Font à peine une entaille aux huit tours colossales.
Qu'importe! De nouveaux venus comblent les rangs.
Des enfants, des vieillards, arrivent par torrents.
Mainte femme accourue au bruit de la tempête,
Veut prendre aussi sa part de l'héroïque fête
Et se bat comme un homme. On redouble d'efforts;
Il faut vaincre à tout prix pour que le sang des morts
Qui rougit le pavé soit utile. — O miracle!
La garnison se rend. — Les Suisses, seul obstacle,
Qui, cinq heures durant, ont tiré sans péril,
A la fin sont forcés de livrer leur fusil.
Victoire! C'est fini.

IV

Les vainqueurs noirs de poudre,
S'engouffrent frémissants avec un bruit de foudre,
Dans les noirs souterrains et forcent les cachots
Où râlent des vieillards devenus idiots
A force de souffrir. On trouve des squelettes
Avec la chaîne au pied ! Du fond des oubliettes,
Monte une odeur fétide et rance de charnier.
Leprévost de Beaumont, celui qui le premier
Au monde dénonça le pacte de famine,
Chancelle demi-nu, rongé par la vermine.
L'échelle de Latude — une œuvre de vingt ans —
Fait frissonner la main des jeunes combattants.
Chacun, la rage au cœur, songe à ces agonies
Que savaient prolonger les vieilles tyrannies,
Aux sombres désespoirs des mornes cabanons,
Aux martyrs qui n'ont pas même laissé de noms ;
Et la gorge oppressée, et les yeux pleins de larmes,
Tous dans leurs doigts crispés serrent plus fort leurs armes.
— O Voltaire ! O Rousseau ! Le grain par vous semé,
Dans les plus humbles cœurs avait enfin germé.
Ce troupeau d'affamés triomphant et superbe

A qui Foulon voulait faire manger de l'herbe,
Du progrès devenu l'auguste moissonneur,
Put lier, grâce à vous, des gerbes de bonheur,
Et sa faux en fouillant les entrailles de pierre
Du sépulcre maudit, fit jaillir la lumière.

V

Au bruit que fit le pic en mordant ses vieux murs,
L'humanité comprit que les temps étaient mûrs.
Chaque pierre en tombant du lugubre édifice,
Écrasait un abus, broyait une injustice,
Et quand toutes enfin eurent jonché le sol,
Fulgurante et superbe en déployant son vol
Dans l'azur éclatant, la liberté sacrée,
Radieuse, plana sur la France enivrée.
— Paris avait sonné le clairon du réveil,
Et les peuples de loin, saluaient ce soleil !

1879.

JULIETTE DODU

A Rosélia Rousseil.

Citoyens, chapeau bas ! Saluez ce nom-là.
C'est celui de la jeune et grande plébéienne
Qui sentit, dans son cœur ardent de citoyenne,
Brûler le feu sacré des Bara, des Viala ;

C'est celui de la sœur de ces enfants superbes
Qui, l'éclair dans leurs yeux d'azur encor noyés,
Criaient : Vive la France ! et tombaient foudroyés,
Teignant de leur sang pur les cailloux et les herbes.

C'est un nom d'héroïne, un nom que nos enfants
Épèleront émus, demain, dans chaque école,
Un nom deux fois français, un doux nom de créole
Qui fait pâlir tous ceux des Césars triomphants.

Après Woerth et Sedan, après Strasbourg brûlée,
Après Metz où Bazaine à la Prusse vendait
Les cent mille soldats que Paris attendait,
Comme une autre Lorraine, elle s'est révélée.

S'inspirant du devoir, bravement, simplement,
— Sachant de tous côtés la patrie asservie —
Pour sauver une armée elle a risqué sa vie,
Forçant à l'admirer... un Conseil allemand !

Oui, nos rudes vainqueurs en voyant cette femme
Paraître devant eux et lever haut le front,
Comprirent ce qu'un jour les peuples penseront
De la force brutale et de la guerre infâme.

Leurs moustaches tremblaient en prononçant l'arrêt
Qui condamnait à mort cette fille de Rome,
Et le plus grand d'entre eux qui se croyait un homme,
Se trouva si petit, que de honte il pleurait.

Je ne te connais pas, mais je te rends hommage
Patriote au grand cœur que le pays bénit;
Je voudrais voir sculpter dans un bloc de granit,
Par quelque Phidias ta noble et fière image.

Je voudrais que ton nom, dans la clarté du ciel,
Fût gravé sur nos murs en traits ineffaçables,
Et que le grand poète aux vers impérissables,
Hugo! le célébrât dans un chant immortel.

La gloire des héros de deuil toujours se voile,
Car leur glaive ressemble au fer de l'assassin;
Mais la croix qu'aujourd'hui tu portes sur ton sein,
Brille, vierge de sang, comme une blanche étoile!

Août 1878.

LA TATAN

A Léon Gambetta

La bonne vieille tante est morte !
Et triste, je remonte aux jours
Où, quand je frappais à ta porte,
Elle me souriait toujours.

J'entends encor sa voix me dire
Avec son accent cadurcin :
« Vous tombez bien. Vous allez rire
» Avec Fieuzal le médecin;

» Vous trouverez Péphau, Sandrique,
» Béral, Cayla, de vieux amis
» Qui parlent de la République.
» Entrez : votre couvert est mis. »

La tante remplaçait la mère ;
Le neveu devenait son fils,
Et, réalisant sa chimère,
Elle gouvernait ton logis.

La simple, honnête et digne femme !
Elle couvait tes vingt-cinq ans
De la chaleur de sa grande âme :
Ce foyer valait dix volcans !

※

Je la revis après la guerre,
Avec une pointe d'orgueil,
A plus d'un, qui doutait naguère,
Faire, quand même, bon accueil.

Son œil narquois semblait leur dire :
« Eh bien!... qu'en pensez-vous?... Celui
» Dont vous aimiez tant à médire,
» A fait ses preuves aujourd'hui?... »

Hélas! Un jour, en pleine joie,
— Le sort a de ces cruautés —
Un mal terrible qui foudroie
La cloue inerte à tes côtés.

Sans mouvement et sans parole,
On l'emporte vers le soleil,
De son pauvre esprit qui s'envole
Espérant hâter le réveil.

Mais l'astre éclatant qui rayonne
Sur la vieille Provence en fleurs,
Des corps que la vie abandonne
Ne peut que calmer les douleurs.

Il fit tendrement son office,
Ce doux soleil des étrangers.
La bonne tante est morte à Nice,
A l'ombre des frais orangers.

Comme toi, je n'ai pu la suivre
Et mener la chère âme au port,
Car la nécessité de vivre
Souvent fait négliger la mort.

Mais si loin que je fusse d'elle,
Sur l'humble tombe aux gazons verts,
J'ai voulu que mon cœur fidèle,
Lui jetât ce bouquet de vers.

1873.

A

MADIER DE MONTJAU

Qu'en dis-tu, vieux Madier, dont la raison robuste
Rappelait tes amis au respect de la loi,
Toi, dont le cœur saignait en leur prouvant pourquoi
Ils devaient s'incliner devant le texte auguste?

Tu pensais, n'est-ce pas, que l'effort surhumain
Qu'imposait la logique à ton âme stoïque,
Pourrait casser l'arrêt d'un tribunal cynique
Et que Blanqui serait libre le lendemain?

O sublime naïf à la barbe argentée,
Dont le front, de l'exil porte à jamais le sceau,
Tu crus, en réfutant ton frère Clémenceau,
Que ta parole ardente allait être écoutée?

Tu t'es trompé, Blanqui n'est pas amnistié.
Le grand souffre-douleurs dont la santé s'écroule,
Ainsi qu'un paria va rentrer dans la foule.
N'est-ce pas, dis, tribun, que cela fait pitié?

N'est-ce pas que c'est chose abominable, inique,
Que Blanqui ne puisse être élu dans nos cités,
Quand des traîtres flétris siègent à tes côtés
Après avoir voulu tuer la République?...

1879.

JEANNE

A Jules Breton.

Après le peintre, le poète !
La plume est digne du pinceau.
Rimes et couleurs dans ta tête,
Se mariaient dès le berceau.

Lorsque tu chantais sur la toile
Le crépuscule harmonieux,
Tu contemplais la blanche étoile
Étincelante au fond des cieux.

En dessinant tes paysannes
Aux bras nerveux, aux reins cambrés,
Tu rêvais d'ailes diaphanes
Et de papillons azurés.

Jalouse de tes traits, la Muse
— En personne qui s'y connaît —
Comme une folle qui s'amuse,
Te soufflait tout bas un sonnet

Et, fredonnant un air de ronde,
Dans le fouillis des prés en fleurs,
Allait cacher, rieuse et blonde,
Chevalet, crayons et couleurs ;

Puis, te menaçant d'un doigt rose,
Semblait dire au peintre pervers :
« Je veux que ta main se repose
» En écrivant quelques beaux vers. »

Toi, fier comme un amant docile
Qui cherche à plaire à l'être aimé,
Trouvant cette tâche facile,
Tu commences un soir de mai,

A l'heure où les branches rosées
De l'aubépine et des lilas,
Des pleurs de la nuit arrosées,
Baignent de parfums les fronts las;

A l'heure où le rossignol chante
Sa claire et divine chanson,
A la compagne qu'il enchante
Et lui répond dans le buisson;

Tu commences, sûr de toi-même,
Comme Chénier, la flamme au cœur,
Le tendre, ardent et frais poème
D'un double amour jeune et vainqueur;

Et ta *Jeanne* simple et superbe,
Jaillit de ton cerveau latin,
Comme ces fleurs qu'on voit dans l'herbe
Éclore aux baisers du matin.

1870.

GARIBALDI

A. L. Delpech.

Te voilà revenu sur ton roc solitaire,
O soldat merveilleux, Cid de l'humanité,
Toi, dont la claire épée illumina la terre
Du doux et chaud rayon de la fraternité ;

Te voilà revenu, triomphateur modeste,
Après avoir rempli le monde de ton nom,
Dans cette île où, parfois, à l'heure de la sieste,
Tu crois entendre encor le bruit sourd du canon.

Tu crois te reposer de tes longues fatigues,
Ouvrier généreux, dans ce stérile Éden
Où juillet à grand' peine à mûrir quelques figues,
Et défricher en paix ton aride jardin?

Tu crois pouvoir rêver le soir, devant ta porte,
Aux baisers de la brise offrant ton front lassé,
De la pauvre Anita, la grande et chère morte,
La douce fleur d'amour, parfum de ton passé;

Et quand l'aube, du ciel a chassé les étoiles,
Regardant le soleil incendier la mer,
Tranquille, interroger au loin les blanches voiles
De quelque grand vaisseau ridant le flot amer?

Eh bien! détrompe-toi, libérateur sublime
Des peuples opprimés. Partout où les tyrans,
Ces monstres couronnés commettent quelque crime,
Tu dois darder l'éclair de tes yeux fulgurants.

Point de repos! Partout où l'homme souffre et pleure,
Où la femme et l'enfant sans patrie et sans pain
Vont mendier, tu dois, du salut sonner l'heure
Et leur prêter l'appui de ton bras souverain.

L'univers te contemple et l'histoire te guette,
Car ta gloire à tous deux pour jamais appartient;
Réveille-toi! Je veux, d'un coup de ma baguette,
Te montrer l'avenir où ton grand nom revient.

Regarde! Et tu verras — ineffaçable honte —
Après avoir offert un royaume à ton roi,
Sacrilège inouï! — la balle d'Aspromonte
Te coucher sur le sol, victime de ta foi.

Regarde! Et tu verras, pris dans un piège horrible,
Les enfants qui venaient d'escalader l'Etna,
Servant de point de mire au chassepot terrible,
Rougir de leur sang pur les champs de Mentana.

Regarde!... Te voilà, pardonnant à la France
Dont l'espoir va tenir à l'aile d'un pigeon,
Venant avec tes fils tenter sa délivrance
Et chasser par deux fois l'Allemand de Dijon!

Mais tout n'est pas fini. La terre n'est pas libre.
Peut-être quelque voix demain t'appellera
Sur les rives du Rhin ou sur les bords du Tibre
Pour le dernier combat, et d'en haut, te criera :

Marche, marche toujours, Juif-errant des batailles,
Dans de nouveaux sillons semant la liberté ;
Les peuples te feront de telles funérailles,
Que Dieu même enviera ton immortalité !

Novembre 1880.

Ces vers, devaient dans la donnée primitive, servir d'épilogue à la pièce du général Bordone.

Après la féerique campagne des *Mille*, Garibaldi rentrait à Caprera. Pendant son sommeil, la Muse de l'histoire apparaissait lui prédisant l'avenir ; les nuages du fond se déchiraient successivement, laissant voir en tableaux transparents, les épisodes d'Aspromonte, de Mentana et de Dijon.

E. C.

ÉTERNELLE CHANSON

A Théodore de Banville.

Février s'est enfui. Frais courrier du printemps,
Pour réjouir les yeux Mars a fait sa toilette ;
Le marronnier hâtif prend des airs importants ;
Le lilas pointe ; au bois fleurit la violette.

Avril en souriant, vêtu de pâle azur
Ainsi qu'un jeune dieu rayonnant et superbe,
Vient réchauffer le sol et, sous son souffle pur,
Pâquerette et muguet dressent leur front dans l'herbe.

Les oiseaux rassurés sur leur vie à venir,
Cherchent l'endroit propice à leurs nids, dans les branches ;
Les femmes qu'aucun frein ne saurait retenir,
Sans peur de s'enrhumer risquent des robes blanches.

Mai, chargé de parfums, poudre à blanc les pommiers ;
La jeune vigne au flanc des vieux coteaux bourgeonne ;
Pour arroser la meule aux épis nourriciers,
Normands et Bourguignons trinqueront à l'automne.

Vagabonde du ciel, sur le toit préféré,
L'hirondelle lassée halète et bat de l'aile,
Pendant que des sillons où croît le blé sacré,
L'alouette au soleil porte sa note grêle.

Les groupes enlacés s'en vont par les chemins,
La chevelure au vent, se parlant à l'oreille ;
L'aubépine aux buissons se cueille à pleines mains ;
Sur les lèvres, la nuit, les baisers font merveille.

Dans la forêt profonde aux bruits mystérieux,
Les fauves affolés s'accouplent avec joie ;
Une clameur d'amour s'élève jusqu'aux cieux :
Le ramier fait chorus avec l'oiseau de proie.

Le mot : aimer! devient le verbe universel;
L'égalité se fait dans ce concert immense,
Hymne de la nature ardent et solennel,
Qui jamais ne finit et toujours recommence;

Dans l'ensemble puissant toute note se fond;
Chaque être au grand foyer apporte une étincelle,
Et ce rut de la terre, éternel et fécond,
Semble diviniser la matière immortelle!

1880.

UNE HEURE AUX QUINZE-VINGTS

Au docteur Fieuzal.

Mon cher Fieuzal, aux jours de ma prime jeunesse,
J'avais quinze ou seize ans, — triste, je vous le dis —
De la queue innombrable, en coudoyant la presse,
J'allais à la *Gaîté*, m'asseoir au paradis.

J'étais au premier rang. Pour cinquante centimes,
J'applaudissais mes dieux : *Francisque aîné, Gouget,
Saint-Marc, Delaitre* ; et plus ils commettaient de crimes,
Plus je les trouvais beaux. — On naît mauvais sujet !

Je me souviens encor de la *Dot de Suzette*,
Du vieux *Pierre Lenoir*, de *Ralph* l'affreux *bandit*,
De la *Grâce de Dieu*, ce mélodrame honnête
Que Paris, trois cents fois, chaque soir applaudit.

Je revois les *Pontons*, les *Sept châteaux du Diable*,
Et le *Pied de mouton* qui faisait mon bonheur !
Fervent de Bouchardy l'auteur inoubliable,
De *Saint-Paul* avant tout, je gobais le *Sonneur*.

Je pense à ce bon *John*, le doux et cher aveugle
Venant chez lord *Sidney* couper court aux chansons,
Et, farouche, brutal, comme un taureau qui beugle,
Grâce au jeune *Albinus*, briser ses écussons !

Oh ! ce fier *Albinus !* Dans son costume sombre,
Je le suivais des yeux, épiant tous ses pas ;
Chacun pour son succès formait des vœux sans nombre,
Mais moi, plus que personne, et je n'en rougis pas.

Le cœur gros, je disais, pensif, à chaque entr'acte :
Ce jeune homme est malin ; il est plein de savoir ;
Peut-être que mon *John* n'a qu'une cataracte
Et qu'aux derniers tableaux, il finira par voir !...

Eh bien! l'autre matin, pendant votre clinique,
Il me semblait, ami, rajeunir de trente ans
Et, comme à la *Gaîté*, du docteur britannique,
Contempler de nouveau les exploits éclatants.

Je vous suivais, ému d'esprit, de cœur et d'âme,
Admirant la science, et le génie humain
Qui peut d'un œil éteint ressusciter la flamme
Et du progrès, sans cesse, éclairer le chemin.

1818.

LES PARRICIDES

A Alfred Mayrargues.

Dieu d'Abraham et de Jacob,
Souffleur auguste de Moïse,
Grand Jéhovah béni par Job
Ce Labre antique et sans chemise,

Toi, le Mathusalem des dieux,
Blanc patriarche des nuages,
Tu dois bien rire au fond des cieux,
De tes fils et de leurs ramages,

Et le matin, en t'éveillant,
Quand ton œil plonge sur la terre,
Étonné, te dire en bâillant :
Ah çà ! quel est donc ce mystère ?

« Comment ! Voilà de frais gaillards
» Circoncis de bonne manière,
» Qu'on applaudit aux boulevards
» Lorsqu'ils donnent une première,

» Des journalistes dont l'esprit
» Fait prime dans plusieurs gazettes,
» Qui, des hommes noirs, l'air contrit,
» Baisent en plein jour les chaussettes,

» Et du Gésu, chers candidats,
» En haine de la République,
» Se font aujourd'hui les soldats
» De la vermine catholique !

» Non. Ils n'en sont pas encor là ;
» Je rêve une chose impossible.
» Un Juif défendre Loyola !
» Le cas serait par trop risible.

» Si c'était vrai, si mes élus
» Me taillaient de pareilles *vestes*,
» Par pudeur je n'oserais plus
» M'accouder aux balcons célestes.

» Tous les autres dieux mes voisins,
» S'esclaferaient de gorges chaudes,
» Et sur mon nez, en bons cousins,
» Feraient pleuvoir les chiquenaudes. »

Eh bien ! bon Jéhovah, c'est vrai.
Si drôle que semble la chose,
Elle existe, et j'ajouterai
Que maint Israélite en glose.

✥ ✥

Ils sont là, trois ou quatre fous
Qui, reniant leurs grands ancêtres,
Se prosternent à deux genoux
Devant la robe de faux prêtres,

Cyniques renégats, ils vont
Tête haute, sourire aux lèvres,
T'infligeant un suprême affront,
Brûlés de jésuitiques fièvres,

Tendre la main aux allumeurs
Des vieux bûchers du moyen âge.
Les bons journaux, de leurs clameurs
Retentissent à chaque page.

Tous parlent de ciel et d'enfer
Avec un dévot fanatisme.
Fils d'esclaves, libres d'hier,
Ils font risette au despotisme.

Pendant que leurs frères heureux
De déployer enfin leurs ailes,
D'un vol superbe et vigoureux
S'élancent aux sphères nouvelles;

Lorsqu'ils consacrent au pays
Et leur talent et leur génie,
Les millions qu'ils ont acquis,
Ces messieurs font de l'ironie.

Uhlans de la réaction,
Inconscients comme des nègres,
Ils blaguent la Convention
Et ses grands orateurs intègres.

Tendant leur petit museau noir,
Roquets à la voix éphémère,
Ils jappent du matin au soir
Après les talons de leur mère.

Grognant à tout progrès nouveau,
Alléchés par l'appât du lucre,
Devant le pape ils font le beau
Pour avoir un morceau de sucre,

Et bâtards sans cœur, sans fierté,
Oubliant le Ghetto de Rome,
Ils crachent sur la liberté
Qui, de chacun d'eux, fit un homme !

Octobre 1880.

SONNETS

LE SACRIFICE

A Alphonfe Daudet.

Le théâtre, ont-ils dit, est un art difficile.
Pour affronter la scène et dompter le public,
Il faut l'expérience et le cerveau docile
D'un vieux faiseur habile usé par le trafic,

Un de ces rabâcheurs à la verve fossile,
Dont la gaîté caduque encrassant l'alambic,
Met des mois à filtrer une goutte imbécile
D'un esprit lourd et froid comme un pain de mastic.

Ils clament : Reléguons la jeunesse à l'office ;
Qu'elle boive l'eau claire et mange le pain bis :
A nous, la grande table et le gros bénéfice !

Pendant que le poète au cœur pur d'artifice,
Laissant ces loups pelés déchirer les brebis,
Met une aile à la prose et fait *Le Sacrifice.*

1869.

A

MADAME H. DAUMIER

Ainsi qu'un bel enfant exubérant de sève,
Que la main d'une mère a peine à contenir,
L'artiste possédé du démon de son rêve,
Cherche à forcer la règle où l'on veut le tenir;

Il sait, s'il y parvient, que la lutte est sans trêve,
Que son rude combat ne doit jamais finir,
Mais il va, dédaigneux des clameurs qu'il soulève,
Tenter d'un cœur vaillant l'assaut de l'avenir.

Cet homme endure alors des souffrances divines;
Il a, comme Jésus, sa couronne d'épines,
Comme lui, de la plèbe il subira l'affront,

Trop heureux lorsqu'il boit le fiel à coupe pleine,
Si quelque Véronique ou quelque Madeleine
Vient étancher le sang qui coule de son front.

1875.

LE PÈRE LAVEUR

A Alexandre Pothey.

Courbet m'a dit : Viens-tu chez le père Laveur ?
C'est un bon citoyen qui nourrit ses semblables,
Un créancier qui fait des crédits admirables
Et qui sut engraisser maint poète rêveur.

Viens ! Tu trouveras là, des convives aimables :
Lemoine au vers précis, Pothey le gai conteur,
Mathieu l'incandescent aux rimes inflammables,
Considérant l'intègre et Rambaud le docteur.

Viens, tu dîneras bien, car c'est moi qui découpe ;
Charton au front d'ivoire, à longs flots dans ta coupe,
Versera le vin pur de ton cher Beaujolais,

Puis, le café servi, suivant les vieux principes,
Nous fumerons en chœur deux ou trois bonnes pipes,
En causant jusqu'à l'heure où l'on clôt les volets.

1870.

PORTRAITS

ÉMILE BÉNASSIT

A Louis Davyl.

De courte taille, un peu trapu,
Front carré, cheveux en broussaille,
L'œil mi-clos d'un chat bien repu,
Menton large et bouche qui raille.

Sang mêlé de Franc et d'Anglais,
Métis de critique et d'artiste,
Positif comme un Bordelais,
Comme un Gavroche fantaisiste.

A la fois cruel comme Hogarth
Et gracieux comme Lawrence,

Pour la femme il est plein d'égard,
Pour l'homme, gros d'irrévérence.

F. Champsaur, grâce à son crayon,
Devient un homme qu'on regarde,
Et, vu de dos, Napoléon
Eût fait rire la vieille garde.

S'il grave en traits extravagants
Nos ridicules silhouettes,
Il sait aussi mettre des gants
Pour chiffonner les collerettes.

La grande dame au pied mignon,
Pour lui, laisse voir sa bottine,
Et la cocotte au lourd chignon
Sa gorge effrontée et mutine.

Son esprit incisif et froid
Avec flegme aiguise un sarcasme,
Comme un vent venu du détroit
Pour souffler sur l'enthousiasme.

Ses mots font prime au *Figaro*
Qui les imprime par centaine,

Et sans craindre qu'on crie : Haro !
Il a commenté La Fontaine.

Aux heures folles du souper,
Il a des tendresses bizarres,
Effusions à s'y tromper
Comme en ont parfois les avares ;

Il devient presque bienveillant ;
On l'écoute ; on l'admire ; on l'aime
Jusqu'au matin, où s'éveillant,
Il ne songe plus qu'à lui-même.

1869.

PAUL ARÈNE

A Louis Nestor Duhamel.

Il est petit, frêle et nerveux,
De taille souple, fin d'attache;
Sa barbe claire, ses cheveux
Sont bruns ainsi que sa moustache.

Le nez mince est ferme et busqué,
La joue a des pâleurs précoces,
Sa bouche a le contour arqué,
Le front est vaste et plein de bosses.

Son œil rêveur tout grand ouvert,
Semble errer sur nos paysages
Pour y chercher le figuier vert,
L'olivier bas, les blancs villages,

Le Mas au toit roux, le ciel bleu
Ce grand prodigue de lumière
Qui, sur la vieille route en feu,
Fait étinceler la poussière.

Le vieux Rhône rapide et pur
Où se mirait la Vénus d'Arle,
La mer antique au sombre azur
Dont la vague au poète parle,

Les hauts rochers de Sisteron,
Aux baumes profondes et fraîches,
Blanquet à la voix de clairon,
Roset brune comme ses pêches,

La Provence enfin, son pays,
La grande mère des félibres,
Ces chantres du vieux Paradis
Qui sont aussi des hommes libres.

Paris lui pèse comme un plomb
Aux heures de mélancolie,
Mais il retrouve son aplomb
Les soirs d'amoureuse folie.

La femme alors, comme un bon vin,
Le grise et trouble sa cervelle ;
A l'ordre on le rappelle en vain,
Pierrot accapare Isabelle !

Il lui récite des quatrains,
De beaux sonnets aux rimes riches,
Dans lesquels ses contemporains
Sont gravés à coups d'hémistiches.

La prose ne lui fait pas peur,
Pour peu qu'un mot méchant l'atteigne,
Il riposte aux traits du soupeur
Jusqu'à ce que sa langue saigne.

Il est beau de méchanceté ;
Son œil grandit, s'allume et brûle
Comme au temps par lui détesté,
Où sa main tenait la férule.

Il se venge alors sur les grands
Des petits et de leur torture,
Et fait payer cher aux parents
Les torts de leur progéniture.

Puis, souriant, rasséréné,
Sa bile étant en équilibre,
Le poète indiscipliné
Refait des vers de pur calibre,

Et sa rime de Damoclès,
Comme un glaive, passe et repasse
Sur le front bouclé de Mendès,
Ce blond saint Pierre du Parnasse.

1869.

CHARLES MONSELET

A Tancrède Martel.

Le premier soir où je le vis,
C'était, je crois, aux *Mousquetaires*,
Un cabaret du vieux Paris
Qu'on défendait aux militaires.

On y soupait pour vingt-cinq sous !
Époque absurde et bienheureuse,
Où les bohêmes les plus fous,
Trouvaient pour rien une amoureuse.

Temps où, sans carmin, ni chignon,
La grisette qu'Haussmann supprime,
Arpentait de son pied mignon
Notre gai boulevard du Crime.

Il avait l'air d'un gros abbé
Oublié là par la Régence;
Son ventre allègrement bombé
Semblait rire de l'abstinence.

Frais rasé, serviette au menton,
Il mangeait, buvait sans mesure,
Avec le sang-froid d'un glouton
Dont la digestion est sûre.

Ses cheveux bouclés en amour,
Couvraient son front de mèches folles,
Comme sous David, Cadamour,
Le beau modèle des écoles.

Quand il eut soupé longuement,
Sans se presser, en vrai chanoine,
Il se leva dévotement,
Calme et béat comme un bon moine.

Son œil limpide au bleu regard,
Étincelait sous ses lunettes ;
Ses lèvres fines avec art,
Fredonnèrent des chansonnettes.

Il alla même jusqu'au vers,
Le vers sculpté du coloriste,
Brodant sur vingt sujets divers
Les arabesques de l'artiste.

Thérésa qui, dans ce temps-là,
Préludait aux recettes folles,
Avec la pudeur d'Atala
Fit chorus à ses gaudrioles.

A l'heure où le café fermait,
Planchet nous mit presque à la porte...
Banville, depuis m'affirmait,
Qu'en riant il nous fit escorte.

Nous regagnâmes les hauteurs
Du vieux Montmartre, et sur la butte
Où dormaient les moulins menteurs,
Nous arrivâmes sans culbute.

Il passe pour un paresseux
Auprès de quelques imbéciles ;
Je l'en loue ; il n'est pas de ceux
Qui trouvent les lettres faciles.

Il a l'orgueil de son métier,
Ce gourmet de littérature,
Et ne fait pas comme un bottier
Tous ses articles sur mesure.

Mais Charle, hélas ! est imparfait !
Il répugne à la politique.
C'est l'idéal du satisfait,
L'empire l'a rendu sceptique.

Il a peur que la liberté
Ne dresse qu'une table maigre,
Et prise peu l'égalité
Qui fait le blanc pareil au nègre.

Il dit que la fraternité
Est une blague solennelle,
Et qu'après tout l'humanité
Ne vaut pas qu'on s'occupe d'elle.

Une truffe pour lui vaut mieux
Que tous les livres de Jean-Jacques ;
Le carême est bon pour les gueux ;
Les gens d'esprit font toujours Pâques.

Cet implacable indifférent,
Cet égoïste impénétrable,
Tout à coup se transfigurant,
Devient un père incomparable.

Lorsqu'il passe comme un bourgeois,
Les jours où le ciel est en fête,
Ses chers gamins au bout des doigts,
On aime à voir ce groupe honnête.

Papa sourit aux moindres mots
De la cohorte babillarde,
Et mouche au besoin les marmots :
Tant pis si Buloz le regarde !

Il encourage l'appétit
D'André qui croque une brioche,
Et pousse Étienne, plus petit,
A mettre un baba dans sa poche.

A Louise, blond feu-follet,
Il achèterait des culottes,
Pour Clotilde, s'il le fallait,
Ses gros doigts feraient des cocottes.

C'est pour ce quatuor moqueur
Dont l'intelligence s'allume,
Que le poète chroniqueur
Incessamment taille sa plume.

1869.

MARGOT

A Georges Laffez.

Margot a les plus beaux cheveux
Que blonde fit jamais onduler sur sa joue;
    Son œil supplie ou dit : Je veux!
Dans l'ombre des grands cils sous lesquels il se joue;
    Son petit nez mobile et fin,
Au frais et doux Latour eût servi de modèle,
Et sa bouche d'enfant qu'un pli léger modèle
    Comme un Greuze, sourit sans fin.

Elle ne va pas à la Marche,
Montrer sa gorge ronde au lorgnon du gandin;
Son pied chinois lorsqu'elle marche
Laisse à peine une empreinte au sable du jardin;
Sa main microscopique et blanche
A les doigts assez longs pour jouer un vieil air,
Et c'est par ses ciseaux que sa robe gris-clair
Plisse avec tant d'art sur sa hanche.

Espiègle et naïve à la fois,
Elle lance le mot d'un petit air candide,
Montrant plus de bon sens parfois,
Que Monseigneur Freppel en sa chaire insipide.
Je ne lui connais qu'un défaut :
C'est qu'elle aime l'été dîner à la campagne,
Et que la chère enfant en verve de champagne,
Dit : *Zut!* aux femmes comme il faut.

1872.

GUSTAVE COURBET

A Castagnary.

Large d'épaules, bien planté
Sur des jarrets aux nerfs d'athlète,
La blouse au dos, quand vient l'été,
Il part, emportant sa palette.

Sa pipe aux dents, bâton en main,
Ventre en avant, solide, il passe
Écrasant l'herbe du chemin :
Son œil fauve embrasse l'espace!...

Il interroge les grands bois,
Les hauts rochers, les vastes plaines,
Le ruisseau, le fleuve, et parfois,
La mer aux vagues souveraines.

Il suit les paysans madrés
S'en allant, gaillards, à *la foire,*
Et guette au retour *les curés*
Qui vont, titubant après boire.

Quand le ciel d'ombre s'est teinté,
Aux soirs chauds de la canicule,
Il fouille avec avidité
Les profondeurs du crépuscule.

La nuit venue, il cherche encor
Dans les taillis et sur la lande,
Si quelque coq aux plumes d'or
Ne flâne pas en contrebande.

Lorsque dans l'éther constellé
Monte en riant la ronde lune,
Sur le coteau clair et sablé
Grandit soudain son ombre brune.

Pareille aux vieux profils sculptés
Des rois de Ninive l'ancienne,
Avec lui marche à ses côtés
Sa silhouette assyrienne.

Il regagne son vieil Ornans,
Et disparaît dans la ruelle
Où, loin des amateurs gênants,
L'attend la soupe paternelle.

Après une nuit de repos,
Au bruit de la ferme il s'éveille,
Étirant ses membres dispos,
Souriant à l'aube vermeille.

Dans la miche de frais pain bis,
Il se taille une large croûte,
Boit un coup de vin du pays,
Puis, gaiement, se remet en route.

Il s'enfonce dans la forêt
Pleine des senteurs matinales,
En chantant le *Rossignolet*,
L'air doux aux notes pastorales.

Il improvise des chansons
Qu'envierait Dupont, son poète ;
La rime est nulle, mais les sons
Ravissent le cœur et la tête.

Actéon comique et nouveau,
Caché sous les touffes ombreuses,
Il admire au bord du ruisseau
La croupe ferme des *Baigneuses*.

Il assiste aux duels furieux
Des *cerfs en rût* dans les clairières,
Et, sur le chemin soleilleux,
Dit : Bonjour ! aux *Casseurs de pierres*.

Plus loin, il salue en passant
Les demoiselles de village,
Qui déplorent en rougissant
Sa chaste horreur du mariage.

Fier, il marche ainsi tous les jours,
D'un pied sûr battant la campagne,
Chantant, fumant, peignant toujours,
En France, en Flandre, en Allemagne!

Ceci, c'est l'homme et l'homme entier,
L'homme absolu dans ses idées,
Qui suit droit son rude sentier
Devant les foules attardées.

L'art, pour lui, c'est la vérité
Surgissant du puits, toute nue,
La naïve sincérité
Que les maîtres seuls ont connue.

Pendant vingt ans il a servi
De tête de Turc aux critiques;
Plus d'un roquet l'a poursuivi
De ses aboiements esthétiques;

Mais plein de sève et d'âpreté,
Amoureux de la créature,
Dans sa saine brutalité
Il reproduisait la nature!

1868.

GUSTAVE MATHIEU

A Alfred Stevens.

L'avez-vous vu passer par un matin d'avril,
L'œil vif, la joue ardente et la lèvre vermeille?...
L'avez-vous vu passer, toujours jeune et viril,
Décoré de muguet, son feutre sur l'oreille?...

Faisant sonner son pas sur le grès net et clair,
Fier comme un mousquetaire en quête d'aventure,
Il va, la barbe en pointe et la moustache en l'air,
Aspirer les senteurs de la jeune nature.

A l'heure où le bon *Black* est encore endormi,
Il est déjà sous bois, cueillant la violette ;
La forêt le connaît, chaque arbre est un ami
Qui l'arrête en passant, d'un : Bonjour, cher poète !

Il cause avec le chêne et répond au bouleau ;
Le peuplier lui plaît, le saule l'intéresse ;
Il aime le platane ; il protège l'ormeau ;
A la ronce, à l'ortie, il parle avec tendresse.

L'animal et l'oiseau des arbres sont jaloux ;
Nemrod en gai Sylvain n'a rien qui les effraie ;
La biche le regarde avec ses grands yeux doux ;
Perdrix, lièvres, lapins, pour le voir font la haie.

Sur la cime d'un hêtre, un corbeau gouailleur
Lui dit : Comment vas-tu, fol amant d'Amphitrite ?
Le rossignol l'appelle et le coucou railleur
Lui crie en s'envolant : Prends garde à Marguerite !

Un merle en belle humeur siffle un motif joyeux
Sur lequel, pour lui plaire, il écrit des paroles,
Pendant que le ramier, d'un bec licencieux,
A la chaste colombe apprend des gaudrioles.

Pour lui, le papillon ravive ses couleurs
Et se laisse admirer sur la rose entr'ouverte ;
Les soirs d'été, parmi les nénuphars en fleurs,
La rainette à fleur d'eau montre sa tête verte.

※

La nuit, dans le bleu sombre et velouté du ciel,
Vénus à son poète apparaît plus brillante,
Phœbé qui lui pardonne un quatrain criminel,
Lui montre en souriant sa face étincelante.

Il suit le vert sentier qui mène à Bois-le-Roi,
C'est là, qu'est la maison où Marguerite veille ;
La brune incomparable au logis fait la loi,
Mais elle est bonne femme et cuisine à merveille!

Le rimeur attardé l'embrasse bruyamment.
— Vite, à table! Chacun mange, boit, rit et cause,
Puis, le souper fini, tous deux honnêtement
Vont chercher le repos dans leur chambre bien close.

Une vague lueur a rosé le lointain ;
Chante-Clair se hérisse et, d'un poumon sonore,
Fanfare aux paresseux la chanson du matin :
Gustave, le cou nu, vient saluer l'aurore.

Un petit vent d'ouest tout imprégné de sel,
Comme un parfum subtil dilate sa narine ;
Il se souvient du Cap et de Coromandel :
Hurrah ! L'ancien gabier a senti la marine.

Il part pour Étretat ou pour Kérouzerai ;
Les pêcheurs au teint brun l'attendent sur la grève ;
Leur ayant peint la mer d'un ton robuste et vrai,
Pour entendre ses vers un vieux Breton l'enlève.

Barde de l'océan, il chante tour à tour,
La complainte du bord qui fait pleurer le mousse,
Le refrain du corsaire et la chanson d'amour
Pour laquelle, soudain, sa voix se fait plus douce.

Il taquine en riant le matelot songeur,
Blond Médor goudronné qui regrette Angélique ;
Tout son être prend flamme en parlant du *Vengeur*
Sombrant pour la patrie et pour la République !

La République ! Il l'a fêtée en février,
Sans peur, après décembre, il a chanté pour elle,
Et, s'il tombe avant l'heure, on l'entendra crier :
Le soldat peut mourir, la cause est immortelle !

1876.

ÉMILE DE GIRARDIN

A Charles Laurent.

Ce nom de Girardin, comme l'épouvantail
Qui troublait autrefois les vieux autoritaires,
Fait trembler aujourd'hui le docile bétail
Que Mac-Mahon engraisse au fond des ministères.

Implacable ennemi des graves nullités
Que hisse au premier rang un hasard ridicule,
Il a, de traits mordants criblé leurs vanités
Et prouvé ce que vaut leur noble particule.

A cette heure où l'on voit tant de goujats lettrés
Gâcher leur vil mortier qui crépite et qui fume,
Il est bon de montrer aux Français écœurés,
Un journaliste ayant le respect de sa plume.

Ne recherchant jamais la popularité
Qui, trop souvent, sourit à des amants indignes,
Aux petits comme aux grands criant la vérité,
Il écrivit sans peur, des millions de lignes !

Comme ces laboureurs qu'on voit par tous les temps,
Pousser, droit devant eux, le soc de leurs charrues,
Sans s'émousser, sa verve a pendant cinquante ans,
Dit leur fait aux tyrans des palais et des rues.

Campagne du 16 mai 1877.

DENIS DUSSOUBS

A Collard.

Ils sont là, cent héros décidés à mourir
Pour le droit et la loi traqués par Bonaparte.
La tombe, pour ces fous, est prête à s'entr'ouvrir,
Mais, du poste d'honneur, pas un seul ne s'écarte.

Entassant les pavés, prêtant l'oreille au bruit
Que fait à l'horizon la lâche fusillade ;
Ouvriers et bourgeois se parlent dans la nuit...
Un homme, tout à coup, franchit la barricade.

Qui vive!... C'est Denis Dussoubs! D'où venait-il?
De se battre. Au faubourg, une balle bénigne
Avait griffé son flanc. Qu'on me donne un fusil,
Dit-il : d'un trou plus large, amis, mon cœur est digne !

De son frère Gaston qui, malade, pleurait
De ne pouvoir descendre avec lui dans la rue,
Il avait pris l'écharpe : elle au moins y serait
Comme emblème sacré de la loi disparue.

Que va-t-il se passer?... Nul doute n'est permis.
L'homme de l'Élysée a bien pris ses mesures.
Saint-Arnaud, Canrobert, Magnan et leurs amis,
Dans le sang et le vin ont noyé leurs chaussures.

Le boulevard est plein de cadavres troués
Par la balle, le sabre, ou par la baïonnette;
Sur les trottoirs sanglants restent seuls les tués!
L'intérêt et la peur ont fait la place nette.

Hugo, Baudin, Schœlcher, ont fouillé le faubourg
Dont Santerre, autrefois, avait fait sa famille,
Sans rencontrer dix doigts pour battre le tambour
Dans ce quartier qui vit s'écrouler la Bastille !

Plus d'espoir! C'est la fin! Les hardis combattants
Ont compté, recompté les cartouches qui restent;
Il faut que le plaisir *puisse durer longtemps*
Et vendre cher la peau des derniers qui protestent.

La nuit se fait plus sombre. On attend, anxieux,
Que quelque indice, au loin, décèle la tempête.
Chacun sonde le noir. Rien! rien!!... Soudain, un vieux
Qui parlait de Barbès, dresse sa blanche tête.

Qu'est-ce donc? Un bruit faible et rauque tout d'abord,
Se rapproche et grandit, éclatant, formidable;
Les clairons de Lourmel semblent sonner la mort
Et ses troupes chercher quelque brèche abordable.

La grande lutte allait, épique, s'engager.
— *De ce côté le peuple et de l'autre l'armée* —
Comme l'a dit Hugo. Souriant au danger,
Denis parle aux soldats d'une voix enflammée.

Le silence s'est fait, profond des deux côtés.
Debout sur les pavés, s'offrant en point de mire,
Aux fusils tout armés des chasseurs irrités,
Il leur dit de ces mots que le plus lâche admire.

Son cœur déborde ! Il parle avec un tel accent
Que plus d'un se détourne en essuyant des larmes.
L'officier pour parer au danger qu'il pressent,
Lui crie : Avance à l'ordre ! — Il descendit... sans armes !

Ses amis n'avaient pas osé le retenir ;
A l'un d'eux, qui voulait le suivre, il dit : Reste !
Marchant tranquille et fier en rêvant d'avenir,
Vers la fatalité comme un nouvel Oreste.

Une clarté jaillit du côté des soldats ;
Un sergent pour le voir a levé sa lanterne.
— Feu ! feu !! rugit alors une voix de Judas.
L'honnête homme avait cru le bandit de caserne.

Sur lui, la fusillade éclate à bout portant ;
Criblé, sanglant, superbe, il peut crier encore :
Vive la République ! et, *vrai* Représentant,
Meurt, serrant sur son cœur, l'écharpe tricolore !

4 septembre 1879.

JEAN DE LA FONTAINE

A Paul Arène.

Il était un naïf gamin
Nommé : Jean, qui, loin de l'école,
En cueillant les fleurs du chemin,
Regardait l'abeille qui vole

Et, jeune helléniste insoumis,
Du maître fuyant la férule,
Se baissait pour voir les fourmis
Traîner leur fardeau minuscule.

Ivre d'air pur, les soirs d'été,
Quand Jeannot-Lapin se régale,
Il écoutait en liberté
Le chant de la brune cigale,

Le roucoulement du pigeon
Secouant ses ailes nacrées,
La grenouille faisant plongeon
Dans l'eau des mares diaprées,

Les longs hi-han! d'Aliboron
Des prés verts tondant l'herbe aimée,
Et les hélas! du bûcheron
Marchant courbé sous la ramée.

Lorsque la nuit couvrait le sol
D'un manteau de silence et d'ombre,
Pour applaudir le rossignol
Il s'enfonçait sous le bois sombre,

Ou, s'égarant dans le fouillis
Des ronces et des folles branches,
Il croyait voir des frais taillis
Surgir tout un chœur d'ombres blanches;

Puis, affamé, sentant l'odeur
De la cuisine paternelle,
Vers son logis le gai rôdeur
S'envolait comme une hirondelle.

Et las, penaud, craignant l'affront
De quelque semonce sévère,
Câlin, allait cacher son front
Dans les jupes de sa grand'mère.

« Chut! Petit Jean deviendra grand,
» Disait l'aïeule à tout le monde,
» Son esprit parfois me surprend :
» Laissez mûrir sa tête blonde.

» Vous verrez tous que sa raison
» Dans l'avenir fera merveille,
» Et qu'il sera de la maison
» La gloire unique et sans pareille. »

Trente ans plus tard, toujours naïf,
Le fabuliste était célèbre ;
Du vers pompeux et laudatif
Il avait démoli l'algèbre.

Admirateur des paysans,
Fuyant Versailles et ses fêtes,
Il raillait les plats courtisans
En donnant de l'esprit aux bêtes.

Compatissant aux malheureux,
Rude aux ravageurs de province,
Il savait d'un trait vigoureux
Flétrir l'égoïsme des princes.

Fidèle ami, lorsque Fouquet
Fut sacrifié sans scrupule,
Ses vers émus, comme un bouquet
Allaient parfumer sa cellule.

Quoi qu'ait dit maint scribe moqueur
Dont l'esprit mourut d'indigence,
Ce grand esprit avait le cœur
Aussi haut que l'intelligence.

Molière, Racine et Boileau
Appréciaient le doux génie
Qui, dans Auteuil, au bord de l'eau,
Souvent leur tenait compagnie.

« Il faut égayer les humains,
» Leur joie en minutes se compte,
» Lui disaient-ils, serrant ses mains ;
» Récitez-nous quelque beau conte ?... »

Le bonhomme alors radieux
D'avoir un pareil auditoire,
Avant le verre des adieux
Lisait quelque gauloise histoire

Où, capucins et moinillons,
Grands commandeurs de pénitence,
Sans crainte de leurs goupillons,
Étaient étrillés d'importance.

Sa verve, comme un vin mousseux,
Pétillait et grisait ses hôtes ;
Laforêt s'essuyait les yeux
Riant à se tenir les côtes.

A l'heure lente du retour,
Par un chemin plein de caprices,
Il éparpillait tour à tour,
Ses trois spirituels complices.

Par le plus long il se rendait
A l'Hôtel, maison familière,
Où, pour le gronder, l'attendait
Madame de la Sablière.

Mais la marquise en le voyant
Tout contrit, rougir devant elle,
Lui pardonnait en souriant
Jusqu'à l'escapade nouvelle;

Et le semeur d'égalité,
Allait, comme un divin manœuvre,
Pour consoler l'humanité,
Rimer quelque nouveau chef-d'œuvre!

1880.

PAPA COROT

A Geoffroy Decheaume.

Nous l'appelions : papa Corot,
Ce grand artiste, ce poète
Qui lisait Ronsard et Marot
En peignant la campagne en fête.

L'amant des bois, des eaux, des prés,
Qui savait d'une brosse agile,
Frotter les ciels bleus ou nacrés
Si chers à son maître Virgile.

Ce nom ne lui déplaisait pas.
Les soirs d'été, sous la charmille,
Lorsqu'il présidait nos repas,
Il était fier de sa famille.

Spirituel comme un Normand
Madré, qui dit tout sans rien dire,
De ses lèvres, à tout moment,
Jaillissait le fin mot pour rire.

Je le vois encore attablé,
Loin de lui, jetant sa serviette,
Allumer, fumeur endiablé,
Sa brune et petite *pipette*;

Et regardant monter dans l'air
La bleuâtre et blanche fumée,
Entre ses dents fredonner l'air
De quelque barcarolle aimée;

Puis, tout à coup, donnant l'élan,
Nous dire en frappant sur la table :
« Mes chers petits, c'est du nanan ;
» Écoutez ça ; c'est adorable ! »

Mieux qu'un ténor fort appointé
Dont les ut-dièze font vacarme,
Il chante avec légèreté
Des airs pleins de grâce et de charme.

Il s'emballe en se rappelant
Les gais refrains de sa jeunesse,
Comme un vieil amoureux tremblant
Qui songe à l'ancienne maîtresse.

Sa voix devient vibrante; il part
Pour son doux pays d'Italie,
Où, jadis, il prit large part
A plus d'une aimable folie.

Son œil bleu-clair devient brillant.
Il revoit Venise et Florence,
Naples, où, cavalier vaillant,
Il sut faire... adorer la France.

Il s'exalte à ces souvenirs
De poésie et de musique.
Comme un druide, sur les menhirs,
Il immole plus d'un classique.

Dans ses veines, le sang gaulois,
Lave ardente, bout et circule ;
L'ancien rapin dit : Zut! aux lois
De la morale ridicule.

Des chansonniers que nous aimons,
Il scande la saine parole,
Et, pour finir, à pleins poumons,
Fait éclater la gaudriole,

Qu'en riant, au dessert, en chœur,
Le dos au feu, le ventre à table,
- Nous répétons d'un ton vainqueur,
Loin du piano lamentable.

Après quoi, sûr de son effet,
Aux longs bravos il se dérobe,
Pour écouter le bruit que fait
Au loin, le frou-frou d'une robe.

Comme il est loin, le temps joyeux
Où chacun, de peur qu'il ne gronde,

Disait la sienne de son mieux,
Sans souci des poses du monde !

Aujourd'hui, l'artiste est bourgeois ;
Il entend la messe en famille ;
Il joue ; on le rencontre au bois ;
Prudhomme lui donne sa fille.

Son atelier est un salon.
Saint-Genest le charme ou l'effraie ;
A quinze il prend un étalon,
Suit la mode et soigne sa raie.

Papa Corot, homme de bien
Qui n'eut jamais le prix de Rome,
Si tu vivais, tu rirais bien
Des peintres de la haute gomme !

1880.

LE ROI DU LOUVRE

A Alcide Dufolier.

Lorsque la nuit d'un voile couvre
Le palais de nos anciens rois,
Sur les terrasses du vieux Louvre,
Quand minuit sonne à l'Auxerrois ;

A l'heure où les bourgeois honnêtes,
Dorment d'un sommeil régulier,
Le rapin peut voir, sans lunettes,
Errer un vieillard singulier.

Il marche fluet dans la brume,
Gesticulant comme un pantin,
Et les échos, de son vieux rhume
Retentissent jusqu'au matin.

En proie au démon qui le mène,
Il va, par bonds et soubresauts,
Comme un seigneur sur son domaine
Grondant d'invisibles vassaux.

Au risque d'une laryngite,
Il tonne à l'instar de de Mun,
Et, de sa canne qu'il agite,
Semble vouloir frapper quelqu'un.

Saisi d'un vaniteux délire,
Il dit : « Du Louvre je suis roi!
» Poètes, prenez votre lyre,
» Pincez la corde et chantez-moi!

» Peintres, sculpteurs, je suis le maître ;
» En me parlant, baissez la voix ;
» Moi seul, je puis tout vous permettre
» Ou vous refuser à mon choix.

» Ferry, Turquet — erreur immense ! —
» Ont cru que j'allais obéir
» Et combler leurs vœux. O démence !
» Je reste là pour les trahir..»

Il dit, et quand la fraîche aurore
Paraît à l'horizon vermeil,
Le spectre à la face incolore
Aspire aux douceurs du sommeil.

Il descend de la plate-forme
Dont vingt ans il a fait le tour,
Et sur un oreiller énorme
Pose sa tête faite au tour.

Il s'endort et voit dans un rêve
Les vieux maîtres à son chevet.
Du mol édredon qu'il soulève,
Rubens fait bouffer le duvet.

Perrugin, Raphaël, Corrège,
Viennent le border dans son lit.
Rembrandt, Van-Dyck leur font cortège :
Son âme d'orgueil se remplit.

Véronèse en retard amène
Le Titien et Tintoret ;
Watteau qui craint qu'on le malmène,
Accourt en entraînant Lancret.

Téniers quitte à regret la pipe
Qu'il met dans sa poche en entrant ;
Vidant sa chope avec principe,
Gérard Dow suit en murmurant.

Ruysdaël, Huysmans, fils des Flandres,
Cueillent en passant Hobbéma,
Et font lever, de peur d'esclandres,
Claude Lorrain leur grand lama.

Murillo, Vélasquez d'Espagne,
Soutiennent le vieux Léonard ;
Poussin, Philippe de Champagne,
Donnent la main à Fragonard.

Boucher en quête du bon Greuze,
Racole en chemin Bouchardon ;
Constance Mayer toute heureuse,
Se cramponne au bras de Prudhon.

David même, en tordant la joue,
Appelle Gros et Géricault,
Puis, Delacroix qui fait la moue
Comme un reclus de Fontevrault.

Tous ont pénétré dans la salle
Où le bonze aime à sommeiller,
Leur pied semble effleurer la dalle,
Tous tremblent de le réveiller.

Soudain, son œil plissé s'entr'ouvre,
Brillant d'un éclat surhumain.
Enfin ! Tous les poseurs du Louvre
Sont venus pour le baise-main.

Alors, par privilège d'âge,
Titien parle au nom de tous :
« Sire, nous vous rendons hommage,
» Mais par Saint-Marc, écoutez-nous ?

» Vous devez veiller sur nos œuvres
» Et les conserver longuement ;
» Empêchez donc que vos manœuvres
» Les éreintent absolument.

» Faites de fréquentes revues
» Dans nos salles et vous verrez,
» Qu'ils commettent maintes bévues
» Que souvent vous leur suggérez.

» Vous nous avez tous, sous l'empire,
» Traités comme des va-nu-pieds ;
» Sous la République c'est pire,
» Nos tableaux sont estropiés. »

Sur son séant, plein de colère
Le roi se dresse avec effort...
« Nieuwerkerke, dieu tutélaire,
« Les entends-tu, dis ? C'est trop fort ! »

Puis, se tournant vers eux, terrible,
Il leur crie, à demi pâmé :
« Sortez ! Je suis inamovible,
» Puisque l'empire m'a nommé ! »

1880.

LÉON GAMBETTA

A Paul Delot.

C'était en plein empire, à la sinistre époque
Où Février maudit n'était qu'un souvenir ;
Quelques étudiants, au vieux café Procope,
Se rassemblaient le soir, pour causer d'avenir.

Parmi ces fiers esprits dont la logique ardente,
Bruyante, s'exhalait en paroles de feu,
Se faisait écouter, éloquent comme Dante,
Un jeune cadurcin, avocat depuis peu.

Sa voix chaude et vibrante, un jour, en plein prétoire,
Évoquant de Baudin le spectre ensanglanté,
Comme un glas de tocsin affolant l'auditoire,
Retentit jusqu'au cœur du César détesté.

Le lendemain la France osait lever la tête ;
Les fronts se redressaient encor pleins de rougeur,
Mais comme rafraîchis par le vent de tempête
Que venait de souffler ce plaidoyer vengeur.

Le nom de Gambetta circulait dans la ville,
Par le peuple avec joie aux faubourgs répété,
Et, quelques mois plus tard, les vieux de Belleville,
Par dix-neuf mille voix le nommaient député.

La Révolution fut la mâle nourrice
Dont ses lèvres d'enfant mordaient le sein viril ;
Comme un autre Danton, il entra dans la lice
Pour répondre à l'appel du pays en péril.

Après Sedan, après la sanglante hétacombe,
Quand l'Allemand vainqueur s'avançait à grands pas,
De la France déjà croyant creuser la tombe,
Lui seul, de son salut ne désespéra pas.

Dans son âme incarnant l'âme de la patrie,
Battu huit fois sur dix, mais résistant toujours,
Il barre le chemin à la Prusse aguerrie,
Comme Carnot, avec des conscrits de huit jours.

Quatre mois il tient tête au flot vivant qui monte,
Admiré des vaillants, des lâches outragé ;
Grâce à lui notre honneur émerge de la honte
Où l'infâme Bazaine, à Metz, l'avait plongé.

Pendant le Seize Mai, comme un robuste athlète,
Des ducs coalisés paralysant l'effort,
Il lutte, infatigable, et brisant leur conquête,
Pilote adroit, conduit la République au port.

Au nom de la famille, au nom de la morale,
Au nom de l'avenir, de tous nos droits conquis,
Sans relâche il poursuit la pieuvre cléricale
Menaçant d'étouffer la raison du pays.

N'écoutant que son cœur, bravant l'antipathie
De collègues haineux, entêtés ou peureux,
Il emporte d'assaut le vote d'amnistie
Et rend une patrie aux vaincus malheureux.

Depuis cette victoire, en butte aux calomnies
D'ingrats dont il avait avancé le retour
Et qui, chaque matin, l'envoient aux gémonies,
Il poursuit son chemin sans peur et sans détour.

Fier de sa mission, fort de sa conscience,
Méprisant des roquets le grotesque aboiement,
Éprouvé par l'étude et par l'expérience,
Il marche vers son but, fidèle à son serment.

Cet homme, jeune encore, aux tempes déjà grises,
Par le travail courbé, ce pseudo-dictateur,
Rebelle par raison aux folles entreprises,
Reste de tout progrès l'ardent propagateur.

Aimant la République avec idolâtrie,
Héroïque Chauvin par la foi transporté,
A sa cause il unit celle de la patrie
Et veut la France grande avec la liberté.

Il veut que l'étranger oubliant nos défaites,
A nos succès futurs sans cesse intéressé,
Nous retrouve, faisant mentir les faux prophètes,
Dignes de notre gloire et de notre passé.

Tout vrai républicain peut donc suivre sans crainte,
— Dussent les faux Catons pousser des cris d'effroi
Et rabâcher demain leur fielleuse complainte —
Ce loyal serviteur du peuple et de la loi.

Ceux qui l'ont renversé dans la paix de leur âme,
Champignons vaniteux éclos dans les couloirs
Où, chaque jour, dans l'ombre, on écrasait *l'infâme*,
S'endormiront bientôt du lourd sommeil des loirs;

Et réveillés, qui sait ?... par le coup de tonnerre
De quelque grand danger, tout à coup surgissant,
Viendront la bouche en cœur et le front débonnaire,
Implorer le secours du vaincu tout-puissant.

Février 1882.

L'ENFANT GATÉ

A E. Béral.

Une tête de florentin
Qu'aurait voulu croquer Boccace,
Comme en choisissait l'Arétin
Pour un seigneur à dédicace.

Sur un front pur, de longs cheveux
Noirs, tombant en boucles soyeuses ;
Sous des cils de velours, des yeux
Comme en rêvent les amoureuses.

La bouche fine aux coins serrés,
Sensuelle, amère, ironique ;
Sur des maxillaires carrés,
La barbe d'un pasteur biblique.

Une démarche de félin
Qui rôde, inquiet de sa proie,
Et, par dessus tout, l'air câlin
De l'enfant que nul ne rudoie.

Quand je le connus à vingt ans,
Je l'admirai comme les autres ;
Il était beau comme un printemps,
Et ses plaisirs étaient les nôtres.

C'était un fringant compagnon
Sans morgue et sans pédanterie,
Aimant le vieux vin bourguignon
Et la fille accorte et fleurie.

Je me souviens des fins soupers
Où son regard brûlait les femmes,
Des longs soupirs entrecoupés
Que poussaient ces petites dames.

« Qu'il est mignon! qu'il est gentil!
» Répétaient-elles à la ronde. »
La brune admirait son profil;
Sa face ravissait la blonde.

Jeunes et vieilles adoraient
Ce don Juan de la bohême;
Laides ou belles murmuraient :
Que ne suis-je celle qu'il aime!

Mais lui, blasé comme un sultan
Qui répugne aux banals hommages,
Allait jeter, fier capitan,
Son mouchoir sur d'autres rivages.

C'était l'époque de Morny,
L'heure des rapides fortunes,
Le temps où, trouvère béni,
Anatole disait : *Les Prunes*.

Ces triolets plurent au duc
Qui l'accepta pour secrétaire;

Il écrivit, nouveau saint Luc,
L'Evangile du Ministère.

Le ministre, fin connaisseur,
Appréciait cette recrue
Qui, dans l'hôtel, avec douceur,
Apportait les bruits de la rue;

En homme qui sait écouter,
Quand la Chambre le laissait libre,
Il aimait à faire chanter
Son angélique et doux félibre.

Parfois, l'oiseau quittant son nid,
Venait, rossignol infidèle,
S'abattre au café de Madrid,
Avec un doux battement d'aile.

Les républicains volontiers,
Se serraient pour lui faire place;
Ranc, fier citoyen de Poitiers,
Lui serrait la main sans grimace.

Morny mort, brûlant ses faux dieux,
Il se marie. Il devient grave,
Au gai passé fait ses adieux,
Et du travail devient l'esclave.

Plus de vers, mais de beaux romans
Écrits d'une main magistrale,
Livres sérieux et charmants
Où l'esprit fait de la morale.

Son œuvre est pleine de portraits
Fouillés avec art et finesse,
Bien qu'il aime à charger les traits
Des vrais amis de sa jeunesse.

Le doux poète d'autrefois
Sur plus d'un lance l'anathème,
Et l'on sent percer le bourgeois
Sous l'écorce du vieux bohême.

Songeant aux intérêts pressants,
Sa plume dure aux pauvres diables,
Pour les forts et pour les puissants
A des caresses incroyables.

A l'un d'eux qu'il avait blessé,
Croyant sa chute irréparable,
Quand la France l'eut redressé,
Il a fait amende honorable.

Il est bon, le combat fini,
Vaincu, de rêver la revanche
Et de savoir, comme Morny,
Se tourner du côté du manche.

THÉODORE DE BANVILLE

A Georges Rochegrosse.

Mon bien cher Georges, c'est à toi,
A ta palette glorieuse,
De peindre dignement ce roi
De la lyre mélodieuse.

Toi seul, l'émotion au cœur,
D'une main enthousiasmée
Peux tracer le dessin vainqueur
De cette tête bien-aimée.

Toi seul, peux modeler ce front
Qu'ont dilaté tant de pensées,
Et d'où toujours s'envoleront
L'essaim des strophes caressées.

Il faut ton pinceau délicat,
Quasi filial, pour bien rendre
De ses yeux francs au vif éclat,
La flamme généreuse et tendre ;

Pour accuser avec esprit
Cette bouche aux lèvres si fines
Qui fait songer lorsqu'il sourit,
Aux malices des Colombines ;

Pour arrêter d'un contour pur
Son nez spirituel qui semble
Ne respirer que de l'azur,
Et complète à ravir l'ensemble.

De ce visage si français,
Qu'après la céleste escalade,
Villon, Ronsard et, Rabelais
Viendront lui donner l'accolade.

Après toi, d'autres plus savants
Que ton pauvre rimeur modeste,
Dans des feuilletons émouvants,
Diront sa gloire sans conteste;

Ils fêteront dans de beaux vers
Aux rimes riches ciselées,
Ce conquérant des lauriers verts
Cueillis dans les nuits constellées

Sur la lisière des grands bois,
Par la divine chasseresse
Qu'il glorifia tant de fois
Dans mainte pièce enchanteresse.

En phrases couleur d'arc-en-ciel,
Ils loueront ce fils de Shakespeare
Qui, pareil au bel Ariel,
Vole, sourit, chante et soupire,

Cet adorable créateur
Dont les œuvres sont des trophées
Et qui, dans un rhythme enchanteur,
Nous transporte au pays des fées.

Ce que je veux chanter, ami,
Dut en rougir ce triste monde
Dans l'âpre égoïsme endormi,
C'est sa bonté simple et profonde;

Son cœur qui n'a jamais battu
Que pour le vrai, le beau, le juste,
La mâle et sereine vertu
Qui fait vibrer son vers robuste,

Lorsqu'il s'indigne en flagellant
Les turpitudes des Prud'hommes
Qui n'acclament que le talent
Pouvant palper de fortes sommes;

Le fin critique bienveillant,
L'encourageur dont la grande âme

Dans plus d'un cerveau défaillant,
Sut rallumer l'ardente flamme ;

Le camarade sans pareil
Qui, toujours fidèle et sincère,
S'en vient comme un rayon vermeil,
Des jeunes dorer la misère,

Et, dans un serrement de main,
Consolateur de la souffrance,
Semble illuminer leur chemin
Du doux soleil de l'espérance.

1882.

AU CHAMPAGNE

LA CONFESSION D'ALBERT

A Madame veuve Duez.

Grâce au dangereux voisinage
Du terrible échanson Léon,
Je me suis conduit, à mon âge,
Comme un simple... Napoléon.

Dans la pourpre du vieux bourgogne,
J'ai failli noyer mes esprits :
Un peu plus, j'allais sans vergogne,
Déshonorer mes cheveux gris.

Bravant Lycurgue l'homme grave,
Le buveur d'eau rude aux humains,
Comme l'ilote heureux esclave,
J'ai titubé par les chemins.

Donnant, dévergondé convive,
L'exemple des mauvaises mœurs,
Je m'en allais à la dérive,
Comme une barque sans rameurs.

En passant sous l'Arc-de-Triomphe,
Songeant aux grands morts endormis,
Je cherchais une rime en omphe,
Pour narguer mes petits amis.

Puis, bavardant comme une pie
Qui vient de voler un couvert,
Devant l'œuvre de Rude, impie,
Je ne me suis pas découvert:

Exagérant mon éclectisme
A l'endroit de nos ennemis,
J'admettais l'ultra-royalisme
Et le Moucheron du *Pays*.

J'avais oublié toute haine,
Dans les perles d'or du cognac,
Car, chose étrange, mais certaine,
Je dis du bien de Cassagnac.

J'ai grimpé sur l'impériale
De l'omnibus, pour mes trois sous;
J'en suis descendu sans scandale,
Me tenant ferme aux garde-fous.

Au beau Carlo, devant le temple
Nommé, je crois, la Trinité,
Je tentai de prêcher d'exemple
En marchant avec dignité.

Je fis quelques pas, lui, de même,
Tous deux non sans quelque embarras,
Quand soudain, le visage blême,
Le doux ténor me prit le bras.

Albert! murmura-t-il, mon frère,
Soutiens-moi, comme Châtillon,
Car je vois devant ma paupière,
Voltiger plus d'un papillon.

Entre nous, il aura beau dire,
Il n'eût jamais pu, ce soir-là,
Chanter Fernand sans faire rire,
Au théâtre de la Scala.

La lune, perçant la nuit sombre,
Fit, je ne l'oublierai jamais,
Sur le trottoir s'agiter l'ombre
De nos gigantesques plumets.

Leurs fantastiques silhouettes
Grandissaient, se raccourcissaient,
Selon que plus ou moins nos têtes
Vers le gris pavé se baissaient.

Quoique bronzé, Léon lui-même,
Se payait un petit pompon
Comme en ont à la Mi-Carême,
Les laveuses au blanc jupon.

Je plantai là mes deux complices,
Et dessinant des pas hardis,
Rêvant de suaves délices,
J'atteignis enfin mon logis.

A mon concierge, la voix haute,
Je criai le nom du voisin
Et faillis me rompre une côte
A la porte du médecin.

Sur mon carré, la main peu sûre,
Le cœur de plus en plus troublé,
Dans l'étroit trou de la serrure
Je pus enfin plonger ma clé.

Ma femme s'était endormie ;
Le bruit de mes pas l'éveilla :
« Demain, lui dis-je, chère amie,
» Je te conterai tout cela.

» Tu vois ?... Je rentre de bonne heure.
» Je n'ai pas dépensé d'argent ;
» Donne ton front que je l'effleure
» D'un doux baiser intelligent. »

Comme l'amour ouvrant son aile,
Des rideaux écartant les plis,
Je voulus me pencher sur elle,
Mais je glissai sur son tapis.

Dès lors, n'ayant plus rien à dire,
Penaud, je dus gagner mon lit
D'où j'entendis son joyeux rire
Retentir longtemps dans la nuit.

Quand du matin le rayon rose
Vint éclairer mon oreiller,
Je me levai pâle et morose
Hésitant presque à m'habiller.

Et dehors, la face inclinée,
De ma honte portant le poids,
On me prit toute la journée
Pour l'homme à la tête de bois.

Je vous ai fait sans réticence,
Ma pénible confession ;
Dieu veuille que votre indulgence
M'accorde l'absolution.

Si quelque puritain réclame,
Veuillez dire à ce protestant
Qu'on est si bien chez vous, madame,
Qu'il en eût fait peut-être autant.

1874.

LE JOUR DE L'AN

A Th. Thirion.

Théo, tu connais la fortune?...
La stupide aveugle à mon huis,
N'a pas encor frappé depuis
Que je guette l'heure opportune.

Voilà vingt ans que je m'enroue
A l'appeler sur tous les tons,
Elle a brisé tous les bâtons
Que j'ai pu jeter dans sa roue.

La nuit, pour attendrir la belle,
Je polis des rimes de choix ;
La coquette est sourde à ma voix
Et poursuit sa course rebelle.

J'ai beau tendre une main discrète
Vers les bleus papyrus soyeux,
L'ingrate me trouvant trop vieux,
Les serre dans sa gorgerette.

Elle va, courtisane abjecte,
S'asseoir sur le lit des catins,
Baisant le front bas des crétins
Que la camériste respecte.

Dédaigneuse de l'honnête homme,
Elle sourit aux gens tarés,
A l'avare, aux papiers timbrés,
Car la donzelle est économe.

Se moquant de l'intelligence
Et des souffrances des lutteurs,
En fille des conservateurs
Elle applaudit à l'indigence.

Brûlant la fabrique et le chaume,
Saccageant vignes et moissons,
Elle a fait chorus aux chansons
Des ravageurs du vieux Guillaume.

Elle se pavane à Versaille,
Bavarde au Petit-Trianon,
Et pour sept ans fait Mac-Mahon
Grand pourfendeur de la canaille.

Pour les vaincus gardant sa haine,
Elle déporte Rochefort,
Fusille Rossel sans remord,
Et fait grâce au traître Bazaine.

Voilà pourquoi j'ai l'humeur noire,
Pourquoi tu me vois si souvent
Morose comme un vieux savant
Qui fait son cours sans auditoire.

Sans être un Collignon avide
Prétendant charger tous les jours,
Je voudrais bien ne pas toujours
Cahoter mon vieux fiacre à vide.

Je voudrais que mon thermomètre
Ne fût pas toujours à zéro,
Et voir sortir le numéro
Sur lequel je m'obstine à mettre.

Si par hasard ma veine change,
Vers ton seuil prenant mon élan,
Je veux, à chaque jour de l'an,
Me conduire en agent de change.

Je te comblerai de cigares
Qu'avec Georges je fumerai;
Pour ta femme je choisirai
Parmi les joyaux les plus rares.

Pour Mimi j'aurai la main pleine
De bébés artistement peints;
Chez Schanne j'aurai des lapins
Et des moutons pour Madeleine.

Aussi, devant le café Riche,
Quand je boirai, resplendissant,
Je veux que Céline en passant
Dise : Quel est cet homme riche?

1875.

LA MAISON D'AUTEUIL

A Madame MarieLev affeur.

Il est au cœur d'Auteuil une blanche maison
Que tout Paris connaît, que la province envie,
Un calme et doux asile où, dans chaque saison,
En vous tendant la main l'amitié vous convie.

Musard, cet endiablé, l'habita le premier,
Quand ses doigts torturant le piano sonore,
Esquissaient le galop que dame et cavalier
Devaient à l'Opéra sauter jusqu'à l'aurore.

Musard mort, Arnal vint et l'on vit son grand nez
Sur les frais gazons verts projeter sa grande ombre ;
Les passants désœuvrés s'arrêtaient étonnés
De voir l'acteur si gai marcher d'un air si sombre.

Suivant Musard, Arnal un jour dut s'en aller
Dans un monde meilleur jouer le vaudeville.
Ses héritiers qu'alors le fisc fit appeler,
Vendirent chèrement son immeuble à la ville.

La maison devint triste, et le jardin désert
Fut envahi bientôt par la ronce et le lierre.
— Du fer d'Haussmann, j'ai peur, soupirait l'arbre vert.
— Moi, du pic des maçons, lui répondait la pierre.

Car tous deux, un matin, avaient vu l'arpenteur
Mesurer le terrain avec de longues chaînes,
Et le marchand de bois, d'un air provocateur,
Compter les marronniers, les tilleuls et les chênes.

Sedan qui perdit tout les sauva du néant.
Il ne s'agissait plus de pics, ni de cognées,
Mais pour mettre à la porte un vainqueur mécréant,
De trouver de l'argent et de l'or à poignées.

Victor survint alors. La petite maison
Rouvrit ses volets verts et prit un air de fête.
Le doux parfum des fleurs étoilant le gazon,
Se doublait d'une odeur de cuisine bien faite.

Le joyeux défilé des amis commença,
Un défilé plus long que celui de la *Juive*;
L'hôte aimable et replet comme un Sancho Pança,
D'un sourire accueillait le plus maigre convive.

Depuis lors, chaque soir, Bordeaux, Pommard, Gaillac,
En flots de pourpre et d'or ruissellent dans les verres,
Les vieux flacons de rhum, de kirsch et de cognac,
Dérident au dessert les fronts les plus sévères.

L'hôtesse aux blonds cheveux se lève en souriant;
Le salon s'illumine et, le cigare aux lèvres,
Le joueur attentif, jusqu'au train s'oubliant,
Peut goûter du loto les dévorantes fièvres.

Quelquefois on préfère aux angoisses du jeu,
La musique et les vers. Dézamy, Paul Arène
Récitent des sonnets pleins de grâce et de feu,
Et Nicot chante avec une voix de sirène.

1876.

LES MOUTONS D'ASIE

A Fritz Wœlcker & Auguste Marteroy.

Monselet a chanté les vertus du cochon
Dans des vers dont Servas garde encor la mémoire ;
Son porc, de saint Antoine a partagé la gloire,
Et nous fîmes pour lui sauter plus d'un bouchon.

Il s'agit aujourd'hui de plus noble pitance,
Et je veux, imitant le roi du feuilleton,
Célébrer à mon tour les hauts faits du mouton,
Dut le porc, contre moi, formuler une instance.

Je suis prêt à répondre à l'utile animal
Pour lequel j'ai, d'ailleurs, une tendresse extrême,
Qu'avant son compagnon, le doux Jésus lui-même,
Pour symbole sacré choisit l'agneau pascal.

Le mouton, mes amis, aux premiers jours du monde,
Fut le mets favori des hommes et des dieux;
On en mangeait sur terre; on en mangeait aux cieux;
Ève, après le serpent, fila sa laine blonde.

Cette laine solide et légère à la fois,
Des antiques pasteurs couvrait la rude échine ;
Les femmes s'en servaient pour voiler leur poitrine,
Et, teinte dans la pourpre, elle habillait les rois.

Pénélope, au milieu des galants qui, fous d'elle,
Croyant son époux mort exaltaient ses beautés,
En brodant en usa de telles quantités,
Qu'Ulysse revenu, se trouva sans flanelle.

Dans ces temps primitifs que l'on nous vante encor,
Les moutons éclipsaient les gloires les plus hautes,
A tel point que Jason guidant les Argonautes,
S'en fut d'un vieux bélier voler la toison d'or.

En Espagne où Jason a laissé maint émule,
Le mouton pend au cou de plus d'un hidalgo
Qui passe indifférent au bruit du fandango,
Plus fier qu'un pape ancien cheminant sur sa mule.

Mais c'est assez parler ici du vieux Jason
Dont nous connaissons tous la campagne superbe.
Revenons aux agneaux qui, des prés tondant l'herbe,
S'engraissent au soleil sans souci du blason.

Suivons-les, quand gourmands, ils ont fait places nettes
Et, que dodus à point, sous les crocs du mâtin,
Ils vont, trottant menu, vers notre vieux Pantin
A notre dent vorace offrir leurs côtelettes.

C'est là qu'il faut les voir se pressant et bêlant,
— Du peuple routinier image trop fidèle —
Vers le sombre abattoir se ruant pêle-mêle,
Naïfs, au long couteau présenter leur cou blanc.

Dans l'immense charnier les races se confondent.
Champenois, Berrichons, Beaucerons, Danubiens,
Valaques, Allemands, Hongrois, Autrichiens,
Ont toujours trouvé là des bras qui leur répondent;

Et bien avant que l'aube ait rosé nos clochers,
A l'heure où Monselet qu'en riant j'accompagne,
Me récite des vers, fines fleurs du champagne,
Le mouton va fleurir le marbre des bouchers.

L'épaule à la chair ferme et la poitrine grasse
Près des rognons brunis, se pavanent gaîment ;
La selle rose et tendre appelle le gourmand,
Pendant que le gigot, fier, au croc se prélasse.

Ainsi que le cochon — j'en appelle à vous tous —
Le mouton n'a-t-il pas droit à la poésie?
Surtout quand il a fait le voyage d'Asie
Et que deux bons amis l'ont fait rôtir pour nous.

Chantons-le donc, messieurs, ce soir, à grand orchestre,
Ce mouton descendant des troupeaux d'Abraham,
Car s'il paît à cette heure au pays de l'Islam,
En droite ligne il vient du paradis terrestre.

1877.

CRÉMAILLÈRE

A Édouard Gérard.

Ami, Jean Paul a dit : Tout homme en ce bas monde,
Avant d'abandonner la terrestre prison,
Doit avoir fait un livre ou bien une maison,
Si ce n'est un enfant à tête brune ou blonde.

Faire un livre, un enfant, pour cela passe encor;
Quelques-uns, tu le sais? ont brodé sur ce thème;
Mais pour résoudre, hélas! en entier le problème
Du vieux Jean Paul, il faut avoir des monceaux d'or.

Faire un enfant n'est rien : Il suffit, j'aime à croire,
Pour en venir à bout de deux êtres s'aimant ;
Ce tour de force-là, vous êtes deux vraiment,
Qui l'avez accompli deux fois à votre gloire.

Écrire un livre ému flagellant nos travers,
Comme Poulot qui sut d'une solide plume,
Forger la vérité sur son honnête enclume,
Tu pourrais le tenter peut-être sans revers.

Mais la maison, Gérard ?... Voilà le difficile !
Voilà ce que Stephen, vécût-il cent vingt ans,
Et nombre d'entre nous qui digèrent contents,
Ne construiront jamais, grâce au sort imbécile.

Une maison à soi tout seul ! Quel rêve étoilé !
Quel prodige accompli ! Quel idéal superbe !
Admirer ses murs blancs ! De son parc fouler l'herbe !
Et voir un Percheron à son breack attelé !

Voilà la pie au nid. Voilà la vie heureuse
Qui vous fait ici-bas rêver de paradis.
Voilà ce que j'envie, ami, je te le dis,
Tout en levant vers toi ma coupe savoureuse.

Je bois donc à ton œuvre, à tes chers invités
Dont le moindre a lutté, patient et stoïque,
Pour la liberté sainte et pour la République,
Ces mirages d'hier, ce soir réalités.

Je salue avec toi, le cœur plein d'espérance,
L'illustre et fier convive en qui nous avons foi,
Le patriote ardent qui s'est fait une loi
De vivre et de lutter pour l'honneur de la France.

1879.

UNE CAISSE INTROUVABLE

A M. Legrand.

Vous est-il arrivé par un jour de printemps,
Alors que les lilas bourgeonnaient éclatants,
Qu'un radieux soleil illuminait la vitre
De votre cabinet, de voir, comme un bélitre,
Un pauvre hanneton — entré Dieu sait comment —
Bourdonner, zig-zaguer, voleter lourdement
Comme un intrus qui sent qu'il a fait fausse route,
Heurter son aile aux murs, se cogner à la voûte,
Retomber sur le sol, se relever soudain,
Tournoyer follement et, vers le frais jardin

Où ses frères gloutons rongent la feuille verte,
Chercher à s'envoler par la fenêtre ouverte
Grâce à des doigts amis; puis, prompt comme l'éclair,
Libre enfin, s'élancer dans l'azur du ciel clair?...
— Je suis ce hanneton qui n'eut jamais de chance,
L'insecte humain peu fait aux choses de finance,
Qui, sans vous, guide aimable à l'obligeante main,
De la caisse jamais n'eût trouvé le chemin.

1880.

LE 4 JUILLET 1881

A Juliette & Charles Nicot.

C'est encor moi, le vieux gêneur
Qui voudrait, bravant l'anathème,
Rimer pour chanter le bonheur
De tous les braves gens qu'il aime.

Compatissants pour les travers
Qui hantent les meilleures âmes,
Vous me pardonnerez mes vers,
N'est-il pas vrai, messieurs, mesdames?

Car je ne pouvais vraiment pas,
— A moins de passer pour un drôle, —
Laisser achever ce repas
Sans prendre à mon tour la parole.

Ceci dit, en acteur malin,
Par peur enclin à la prudence,
Comme un infime Coquelin,
De ma faible voix, je commence.

Charle et Juliette, un beau jour,
Brûlés d'une flamme pareille,
Chantaient un beau duo d'amour
Où leur grand art faisait merveille.

Le public enthousiasmé
Applaudissait sans tout comprendre,
Se contentant d'être charmé
Par leur voix pure, chaude et tendre.

Mais moi, ravi de leur succès,
Tout en souriant dans ma stalle,
Je me disais tout bas : Je sais
Pourquoi tous deux charment la salle,

Pourquoi les airs mélodieux
Du chef-d'œuvre qui les rassemble
Plaisent tant : c'est qu'ils chantent mieux
Lorsqu'ils peuvent chanter ensemble.

Je sais que le brave Mergy
En roucoulant près d'Isabelle,
Sous son blanc souvent a rougi
Comme une jeune demoiselle ;

Je sais que lorsque Lionel
Contait son amour à Suzanne,
L'étudiant voyait le ciel
Dans les yeux de la paysanne ;

Je sais qu'aussi de son côté
La blonde et belle charmeresse
Pour lui seul souvent a chanté,
De son rôle outrant la tendresse ;

Je sais que son bon petit cœur
De jeune fille honnête et sage,
Envahi par l'amour vainqueur
Souvent souleva son corsage,

Et que nos chers sournois bercés
Par les sons de leur fraîche idylle,
Se sentaient déjà fiancés
Par Hérold et par Paladihle.

Ce soir, le mariage est fait.
Dieu sonne enfin l'heure rêvée !
Monsieur le maire est satisfait :
La chaîne éternelle est rivée ;

Chaîne d'amour, chaîne de fleurs
Légère à votre âme ravie,
Dans les plaisirs ou les douleurs
Douce à porter toute la vie.

Et maintenant, chers amoureux,
Partez pour le charmant voyage,
Ainsi que des ramiers heureux
Tout frais échappés de leur cage,

Loin de l'astre artificiel
Que le chimiste multiplie ;
Allez sous les splendeurs du ciel
Oublier Euterpe et Thalie ;

Allez, comme des écoliers
Apprendre les vieux airs des prêtres
Qui vont chantant près des glaciers
Ces sublimes amphithéâtres.

Du vieux Tell fouillez le pays.
Improvisant airs et paroles,
Le soir, sur les lacs endormis,
Chantez d'exquises barcarolles.

Allez ; enivrez-vous d'air pur ;
Il n'est pas là-bas de première !
Noyez dans l'insondable azur
Vos fronts tout baignés de lumière ;

Et las de planer sur les monts,
Saturés de la mer de glace ;
Courez dilater vos poumons
Sous les vieux sapins de l'Alsace.

Foulez, émus, le sol béni
De la province désolée
D'où la force lâche a banni
Tant de jeunesse inconsolée.

Si par malheur, dans les prés verts
Vous rencontrez un casque à pointe,
Regardez-le, mais de travers :
Qu'à l'amour la haine soit jointe !

Sur la tombe des fiers aïeux
Qu'un jour trahit le sort des armes,
Ainsi que des enfants pieux,
Répandez tous deux quelques larmes ;

Puis, après ce devoir amer,
Replongez-vous dans votre rêve ;
Revenez au bord de la mer
Voir le flot mourir sur la grève ;

Ne pensez plus qu'à votre amour,
A l'avenir couleur de rose
Qui va vous sourire au retour
Dans des lueurs d'apothéose.

Et quand vous suivrez dans leur vol,
Les fantaisistes hirondelles,
Songez qu'un petit rossignol
Doit l'an prochain ouvrir ses ailes.

1881.

TROISIÈME SÉRIE

CONSEILS D'AMI

A Charles d'Osmoy.

E suis content, mon cher d'Osmoy,
   De voir un homme politique
   Être surpris, tout comme moi,
En flagrant délit poétique.

   En te lisant dans la *Saison*,
   Plus d'un collègue ivre de prose,
   Dira que tu perds la raison :
   Ris-toi de ce censeur morose,

Dont la cervelle n'enfanta
Que périodes à se tordre,
Et ne crains pas que Gambetta
Te rappelle jamais à l'ordre ;

Lui-même, peut-être, est enclin
A commettre aussi pareil crime,
Et serait prêt — Quitard malin —
A te souffler plus d'une rime.

Laisse dormir ces vieux lézards
Qui ronflent comme des toupies
Lorsque tu parles de beaux-arts,
Et moque-toi de ces impies

Qui, t'écrasant de leur pitié,
Blanc-cravatés, cambrant leur torse,
Ont fait comprendre à leur moitié
La nécessité du divorce ;

Ces Prudhommes prétentieux
Au débit solennel et grave,
Dont le regard sonde les cieux
En exaltant la betterave,

Cette racine au jus laiteux
De laquelle on tire le sucre,
Muse utile des marmiteux
Alléchés par l'appât du lucre.

※

Souviens-toi de nos gais printemps,
De ces heures ensoleillées
Où nous avions toujours le temps
De bavarder sous les feuillées ;

Où nous causions du cher Bouilhet,
Ce Musset de la Normandie,
De Flaubert dont le front bouillait
Tout plein de son œuvre hardie ;

De Duboÿs et de Rolland,
De Philoxène, de Bataille,
Frères de cœur et de talent
Tombés dans l'humaine bataille.

Rappelle-toi les soirs heureux
Où, sous les chauds rayons des lustres,
Claqueurs ardents et généreux,
Nos bravos les sacraient illustres ;

Et les visites chez Beaulieu,
Le fier et rutilant artiste,
Qui nous semblait voler à Dieu
Sa palette de coloriste.

Ne renions pas ce passé
Dont rougirait un imbécile ;
Notre cerveau n'est pas lassé ;
Le vers encor nous est facile :

Tu l'as prouvé dans *les Pommiers*,
Dans *le Crapaud,* ces fiers poèmes
Lesquels ne sont pas les premiers
Que de par le monde tu sèmes.

Redeviens l'homme d'autrefois,
Le gourmet de littérature ;
Fais-nous voter de bonnes lois
Pour la sculpture et la peinture,

Et sur ton piano d'Erard,
Pour narguer le chantier Saint-Blaise,
Au bon Boudouresque avec art,
Accompagne la Marseillaise !

1881.

DENFERT

Au général Bordone.

Quand l'homme au cœur léger eut déclaré la guerre
Et, que vingt jours après, sur notre propre terre,
Foudroyant par milliers nos soldats glorieux,
Le canon de Bismarck tonna victorieux ;
Après Sedan, ce gouffre où notre épique armée
Par d'invisibles mains hachée et décimée,
De la mort, tout un jour, défia la fureur ;
Lorsque le drap de lit hissé par l'empereur
Trop prudent pour tenter la suprême trouée

Que Wimpfen proposait, pendit dans la nuée,
Au bruit des longs hurrahs du dernier Allemand
Acclamant cette honte et notre abaissement;
Quand Strasbourg vit crevés par des bombes infâmes,
Ses vieux murs tout sanglants s'écrouler dans les flammes,
Et les Badois vainqueurs et leurs canons de fer
S'aligner bruyamment sur la place, où Kléber
De son grand front de bronze avait bravé la foudre;
Après Toul et Phalsbourg rendus faute de poudre;
Après Metz où Bazaine ainsi que des troupeaux,
Vendait nos régiments en volant leurs drapeaux,
Belfort restait debout comme un géant de pierre,
Un Titan de granit défendant la frontière;
Un phare où, dans le ciel aux ardentes lueurs,
Sous le vent des obus flottaient les trois couleurs!
— Et dans Paris sans feu, grelottant sous la neige,
Dans Paris affamé par les longs mois du siège,
Prêts à souffrir encor plus qu'ils n'avaient souffert,
Les vaillants répétaient : Qu'on nous donne un Denfert !

Un Denfert?... Oui, c'était bien là, le capitaine
Qu'il fallait pour régler la défense incertaine
De l'immense cité regorgeant de grands cœurs
Qui, par lui commandés, pouvaient être vainqueurs!

C'était bien là, le chef résolu dont l'épée,
Du grand quatre-vingt-douze évoquant l'épopée,
La pointe à l'ennemi, solide dans sa main,
De la victoire eût su retrouver le chemin :
Le soldat citoyen dévoué sans réplique
Au salut de la France et de la République!

Soldat et citoyen, c'était là, tout Denfert.
Son sang depuis l'Ecole à son pays offert,
Pour défendre la loi, suprême souveraine,
Rose et pur eût écoulé de sa dernière veine.
Comme Hoche et Marceau ces sublimes guerriers
Devant elle, courbant leurs fronts ceints de lauriers,
Il ne séparait pas dans son âme aguerrie
Le mot de liberté du grand nom de patrie.
Pareil aux huguenots d'Aggrippa d'Aubigné
Toujours prêts à mourir au poste désigné,
Si quelque pigeon blanc, las et battant de l'aile,
D'un semblant de victoire apportait la nouvelle,
Il s'écriait joyeux, galvanisant Belfort :
Ils se battent là-bas! Tenons jusqu'à la mort!
Et bruns soldats hâlés, blonds mobiles imberbes,
Citadins, paysans résolus et superbes,
Sous la grêle de fer qui rayait le ciel bleu,
Chantaient la *Marseillaise* et se ruaient au feu!

Treskow, chaque matin, pour saluer l'aurore,
Trouait de ses boulets le drapeau tricolore,
Magnifique haillon, comme un défi planté
Sur les forts éventrés de la vieille cité.
Et Denfert et les siens, dédaigneux, impassibles,
A la mitraille offrant leurs poitrines pour cibles,
Sentant par le danger leur grand cœur affermi,
Répondaient, coup pour coup, aux Krupp de l'ennemi.
— Oh! qui pourra jamais, d'une voix héroïque,
Redire à nos enfants ce poème stoïque
Fait d'honneur, de devoir et de renoncement?
La France en deuil touchait au suprême moment,
Tout croulait à la fois! Après cinq mois de gloire,
Paris capitulait. Rejeté de la Loire,
Malgré Gougeard, malgré des efforts surhumains,
Chanzy perdait le Mans. Bourbaki dans les mains
Duquel on avait mis l'espérance suprême,
Après Villerxessel se repliait de même.
Plus rien à l'horizon ; la défaite partout :
Seuls, Belfort et Denfert dans l'ouragan, debout !

Lorsque tout fut fini, quand le gardien fidèle
Rendit, pour obéir, sa chère citadelle,

Un cri d'étonnement et d'admiration
Jaillit des rangs prussiens. La grande nation
Qui pliait sous le poids d'une inégale lutte,
Grâce à lui, s'affirmait vivante dans sa chute;
Et voyant ses soldats, ces fiers humiliés
Devant lui défiler, étendards déployés,
Tambours battant, musique en tête, l'arme haute,
Vierges de défaillance et purs de toute faute,
Tous l'auréole au front et l'éclair dans les yeux,
Le vainqueur salua le vaincu glorieux!

1879.

UN SOIR

A LA FONTAINE DE COROT

A Feyen-Perrin.

Au bord du calme étang qu'il peignit tant de fois,
Fumant sa pipe brune à l'ombre d'un vieil arbre,
J'ai cru voir l'autre nuit, son bon profil de marbre
Sourire et s'animer comme aux jours d'autrefois;

Et le doux rossignol que Geoffroy sur sa tête
Avait, touchant symbole, au blanc fronton sculpté,
Pour lui plaire, entonner, Stradella de l'été,
Les vieux airs qui charmaient le peintre et le poète.

J'ai vu, rasant le sol, chœur naïf et charmant,
Par les trilles divins tout à coup réveillées,
Les nymphes du bois sombre agiter les feuillées
Et, près de la fontaine, accourir doucement.

Phœbé baignait leur chair de sa lumière blonde,
Modelant avec art la neige des seins nus ;
Le vieux maître ravi par leurs chants ingénus,
A chacune envoyait un baiser à la ronde.

Son bleu regard brillait d'un éclat surhumain ;
Le païen amoureux de la grâce latine,
L'amant de la beauté, de la forme divine,
Semblait revivre encor, sa palette à la main.

Je l'observais, muet, retenant mon haleine,
Sentant tout le passé me remonter au cœur,
Quand soudain, dans la haie, un grand faune moqueur
Me dit : Tiens! Vois!... Nana... rêve aussi dans la plaine.

A ce nom prosaïque au loin retentissant,
Le rossignol se tut ; Corot fit la grimace ;
Je vis la lune au ciel, pudique, ombrer sa face,
Et les nymphes au bois s'enfuir en rougissant.

* 1er juin 1882.

JACQUE

HISTOIRE PARISIENNE

A Armand Silvestre.

Jacque, depuis dix ans, travaillait comme un nègre.
L'atelier l'adorait. Son patron, homme intègre,
Le citait comme exemple aux plus vieux compagnons.
Il avait deux enfants, deux beaux petits trognons,
Comme il disait, les jours où son âme était gaie.
Depuis son mariage, il rapportait sa paie

Intacte à la maison, sachant que les enfants
Coûtent cher à nourrir. Dans ses bras triomphants,
Le dimanche, il portait le couple juvénile
Jusqu'aux bords de la Seine et, de là, dans une île,
Sous quelque humble tonnelle, attablé simplement,
Le ménage ouvrier dînait joyeusement.

Lorsque l'impératrice eut résolu sa guerre,
Le robuste artisan si tranquille naguère,
Comme dans un étau sentit son cœur serré.
Pour aider à sauver son faubourg adoré,
Jacque se fit inscrire aux bataillons de marche.
Il lutta bravement à Montretout, à Garche,
Et quand tout fut fini, lorsque Ducrot rentra,
Le front bas, il revint chez sa femme et pleura.
Comme un lion qu'on force à regagner sa cage,
Ce simple, ce vaillant eut un accès de rage
Contre les généraux qui n'avaient pas compris
Ce que, bien commandé, pouvait son vieux Paris !
Tout blessé qu'il était d'un coup de baïonnette
Lancé par un Prussien dont il cassa la tête,
Il voulait retourner quand même à l'ennemi,
Car dès le soir, à peine était-il endormi,
Qu'il criait dans la fièvre : « A moi, les camarades!
» Si Bismarck veut entrer, faisons des barricades.

» Mon grand-père, un ancien, un soldat du dix août,
» Du cercueil pourra voir son petit-fils debout.
» Pour défendre Paris nous sommes trois cent mille
» Prêts à faire un rempart de chair à notre ville.
» Nos mains de travailleurs, à défaut de l'outil,
» Sauront bien, ce jour-là, se servir d'un fusil! »
Puis, soudain, se dressant livide sur sa couche,
Fouillant des yeux la chambre, il appela farouche,
Sa femme qui berçait les petits amaigris.
L'embrassant, il lui dit : S'ils entrent dans Paris,
Et si tu ne veux pas que ton vieux Jacque sorte,
Parle-moi des enfants et ferme bien la porte!

Un mois après, à peine en état de marcher,
Pour avoir du travail il se mit à chercher.
L'âpre toux qu'en veillant dans la boue et la neige,
Il avait contractée aux longues nuits du siège,
Secouant tout son corps déchirait ses poumons.
Le docteur avait beau lui faire des sermons,
Lui répéter sans cesse : Un peu de patience,
Vous guérirez bientôt, croyez-en la science,
Le malade épuisé souriait tristement.
Ses deux mioches chéris s'en allaient lentement;
La mère accomplissait chaque jour un prodige
Pour garder ces deux fleurs vivantes sur leur tige,

Mais le vent de misère avait soufflé trop fort.
Jacque pour les sauver fit un suprême effort ;
Les ateliers fermés pour cause de chômage,
Il se fit terrassier et, de fer à l'ouvrage,
De l'aube jusqu'au soir, muet, courbant les reins,
Pour gagner ses trois francs il fouillait les terrains.
Lorsqu'il revenait, pâle et la tête penchée,
A sa femme il disait : C'est comme à la tranchée ;
Tu vois qu'on n'en meurt pas?

      Pauvre grand cœur ! Un jour
A l'appel du chantier, lorsqu' arriva son tour,
Il ne répondit pas. Sa poitrine était prise ;
Il dut abandonner sa vaillante entreprise
Et quêter pour mourir un lit à l'Hôtel-Dieu.
Un sang rose perlait sur ses lèvres en feu ;
Il voulait respirer et demandait à boire ;
Il épelait des noms chantant dans sa mémoire :
République ! Paris ! Louise ! André ! Léon !
Mêlant dans sa douleur son cœur et sa raison.
Moins de huit jours après — c'était un beau dimanche —
Sur l'oreiller banal où le pauvre se penche,
Confondant leurs sanglots, Louise et ses deux fils
Baisaient sa face froide et blanche comme un lys.
Le lendemain — la terre est chère à l'infortune —

Tous trois conduisaient Jacque à la fosse commune.

Après ce coup terrible, en rentrant au logis,
La pauvre veuve en deuil, les yeux encor rougis
Des pleurs brûlants versés tout le long de la route,
Coucha les deux enfants. — Que faire? « Coûte que coûte,
» Quand ils s'éveilleront, il faudra que demain
» Je puisse au moins pour eux, dit-elle, avoir du pain.
» Mais comment? Jacque est mort. Hier, la boulangère
» Réclamait le paiement d'une dette légère,
» Elle ne voudra pas me faire encor crédit?...
» Tout est vendu. Je n'ai plus rien à moi, qu'un lit
» Sur lequel tous les trois nous couchons pêle-mêle.
» Oh! s'ils étaient petits, j'aurais dans ma mamelle
» Encore assez de lait pour tous deux les nourrir!
» Mais ils ont cinq ans! — Bah! nous n'avons qu'à mourir!
» Bien d'autres avant nous ont fini de la sorte. »
Puis, fiévreuse, affolée, elle court à la porte,
A la fenêtre, bouche avec soin tous les trous
Par où l'air en entrant eût pu les sauver tous,
Souffle le vieux réchaud plein de braise brûlante,
Près des petits dormant se faufile tremblante,
Sur leurs fronts d'anges blonds pose un double baiser
Et s'endort en disant : Je vais me reposer!

Le matin, un ami qui respectait la veuve,
Un compagnon de Jacque, un cœur à toute épreuve,
— Ils s'étaient au faubourg connus comme apprentis —
Se dit : Tiens ! si j'allais embrasser les petits ?
Ils viennent de passer une rude semaine ;
J'ai sauvé, tout payé, vingt francs de ma quinzaine,
Pour Louise aujourd'hui, c'est peut-être un trésor,
Portons-les vite ! — Il frappe, attend, refrappe encor...
Rien ne lui répondant, à grands cris il appelle ;
On accourt et, forçant la serrure rebelle,
Les voisins consternés purent voir, déjà froids,
La mère et les enfants immobiles tous trois.

1879.

LE DÉLIRE DE NOBILING

A J. B. Laglaize.

Eh bien ! oui, j'ai frappé, mais j'ai voulu mourir.
Gardez vos soins pour lui ; je ne veux pas guérir :
Laissez-moi ! — Vous m'avez appris dans vos écoles,
A répéter, enfant, les sublimes paroles
Que criaient jusqu'aux cieux les vengeurs fulgurants
En enfonçant leur fer dans le cœur des tyrans.
Vous m'avez fait passer des nuits, d'étoiles pleines,
Lorsqu'à ma vitre en feu se heurtaient les phalènes,
— De Rome étudiant la constitution, —
A rabâcher le thème ou bien la version

Qui devaient, au concours, faire éclater les fibres
Des cœurs de nos parents jouant aux hommes libres.
Mes savants professeurs pleins d'ans et de vertus,
M'ont répété cent fois : « Sois digne de Brutus;
» Imite Harmodius; ressemble à l'archer suisse
» Dont la flèche d'acier sut trouer la pelisse
» De Gessler. Souviens-toi que l'homme ayant du cœur,
» D'un monstre couronné peut être le vainqueur;
» Que Dieu ne t'a pas fait pour souffrir sans te plaindre ;
» Que l'esclave, s'il veut, du maître se fait craindre
» Et que le nain rampant dans l'herbe du chemin,
» Peut étendre à ses pieds un Titan surhumain,
» Que si haut qu'il ait pu porter sa tête altière,
» Sa main peut l'envoyer pourrir au cimetière. »

Tous vos livres sont pleins d'enseignements pareils :
Je les ai lus, relus. Pendant mes lourds sommeils,
L'esprit encore plein de ces leçons stoïques,
Je voyais défiler les grands morts héroïques
A qui l'humanité, clémente aux immortels,
En se moquant du code a dressé des autels.

J'ai vécu dans l'étude et dans la rêverie,
Cherchant le vrai remède aux maux de ma patrie.

J'ai vu mon souverain — qu'on dit bonhomme au fond —
Jeter nos libertés dans l'abîme profond
Creusé depuis cent ans par le militarisme.
J'ai vu notre Allemagne en proie au Césarisme,
Plus pauvre après Sedan qu'elle n'était avant.
J'ai scruté jusqu'aux os de Moltke, le savant
Stratégiste; Bismarck, l'effrayant diplomate,
Le farouche entêté dont la cervelle éclate
En proie aux rêves fous de son ambition.
Je me suis promené depuis l'annexion,
Dans Metz et dans Strasbourg, ces ardentes fournaises
Où crépitent encor tant de flammes françaises.
J'ai maudit la conquête.et son funeste effet :
Ce que la guerre a fait, la guerre le défait.
Le vaincu d'aujourd'hui qui brode notre histoire,
Peut demain, dans nos champs, promener sa victoire.
Si bien armés qu'ils soient, nos rudes bataillons
A leur tour écrasés, peuvent dans nos sillons,
Pêle-mêle roulant ainsi que l'avalanche,
S'éparpiller sanglants au vent de la revanche.
J'ai parcouru pensif et le front incliné,
Comme un Dante vengeur dans son rêve obstiné,
Nos cités et nos bourgs, nos monts et nos vallées,
Et n'ai trouvé partout que faces désolées,
Ignorance et misère, égoïsme et calcul.
Voyant le progrès faire un immense recul

Vers les temps abhorrés du sombre moyen âge,
Pilote résolu, j'ai voulu du naufrage,
Fendant les flots troublés hurlant de tous côtés,
Sauver le brick sacré portant nos libertés,
Et par lui, prévoyant notre perte certaine,
J'ai, sur son banc de quart, frappé le capitaine!

Il n'est pas mort?... Tant mieux! Le Kaïser vainqueur
Peut vivre. Son empire a du plomb dans le cœur :
Lui seul était visé; l'homme n'est pas à craindre;
C'est le principe seul que je voulais atteindre.
Ah! vous croyiez qu'après Voltaire, après Rousseau
Qui, sur nos jeunes fronts ont imprimé leur sceau,
Qu'après avoir appris par cœur les Droits de l'homme,
Vous pourriez nous bâter comme bêtes de somme?
Que rien qu'au seul aspect de vos cinq milliards,
Nous allions, éblouis, reporter nos regards
Vers l'odieux passé cher à vos vieux burgraves,
Et tendre encore nos pieds aux gothiques entraves
Dont le poids retarda le pas de nos aïeux
Qui marchaient, trébuchant, vers la clarté des cieux?...
Vous avez pu penser, ô naïfs que vous êtes,
Du haut de vos balcons voyant grouiller les têtes
De cette multitude habituée au joug
Comme les bœufs trapus des montagnards de Zoug,

Qu'avec vos canons Krupp et quelques fusils Dreyse,
Vous pourriez éviter votre quatre-vingt-treize !
Que, du fond des salons lourdement décorés
Ou, raides, vous cambrez vos torses chamarrés,
Vous sauriez, muselant la foule redoutable,
Retarder d'un seul jour le *krach* inévitable
Qui doit vous emporter vous et vos préjugés !
Détrompez-vous. Le peuple à bout vous a jugés :
Vous êtes condamnés ! L'Alsace et la Lorraine,
Ces deux vols qu'a flétris la conscience humaine,
Ces deux terres sœurs, d'où Jeanne d'Arc et Kléber
Bravent, spectres vengeurs, le chancelier de fer,
Loin de plaider pour vous, vous chargent au contraire.
Caïn impunément n'égorge pas son frère.
Depuis ce rapt maudit, par moments nous pensons
Quand sur le pont de Kehl roulent nos lourds caissons,
Aux jours où le vieux Rhin leur servant de frontière,
Les riverains choquaient leur verre plein de bière,
Parlaient la même langue, avaient les mêmes mœurs,
Confondaient fraternels leurs chants et leurs clameurs,
Et quand nous avons bien savouré notre gloire,
Nous trouvons plus amer le vin de la victoire.

Qu'il soit maudit ce vin pour nous avoir grisés

Et vous avoir rendus tous vos crimes aisés!
La Prusse devenait l'Empire d'Allemagne!
Guillaume couronné comme un vieux Charlemagne,
Renouvelait, corrects, les exploits d'Attila.
Où trouver un cerveau qui résiste à cela,
Un œil humain osant fixer cette lumière,
Un seul front réfractaire à souiller la poussière
Qu'en marchant, soulevaient les bottes du vainqueur,
Un esprit libre et fort, un pur et vaste cœur
Capable de rester froid devant ces merveilles?
Eh bien! moi, j'ai fermé mes yeux et mes oreilles;
Je n'ai rien voulu voir, rien entendre non plus;
De cette mer d'orgueil, j'ai repoussé le flux
Et resté seul, debout, menaçant sur la grève,
J'ai pensé qu'il fallait réaliser mon rêve,
Démontrer aux valets affolés de terreur
Qu'une once de plomb peut abattre un empereur,
Et prouver à celui qui brûla tant de poudre,
Qu'il n'est pas de poitrine à l'abri de la foudre!
J'ai chargé mon fusil ainsi qu'un justicier,
Sans trouble j'ai saisi son froid canon d'acier,
J'ai visé, j'ai tiré!... Que l'Eglise me damne,
Que Prudhomme indigné m'insulte et me condamne,
Qu'une presse hypocrite en jetant les hauts cris,
Flétrisse ma mémoire et la voue au mépris,
Je mourrai sans remords. Si votre hache est prête,

Le bourreau peut venir ; je lui livre ma tête,
Mais le bruit qu'en tombant, sanglante, elle fera,
Au cœur de chaque peuple au loin retentira.

Eh bien ! non, pauvre fou, victime sympathique,
L'Europe d'aujourd'hui n'a rien du monde antique.
Tu t'es trompé. Ta tête ardente a pu rouler
Sur l'échafaud rougi sans qu'un cri vînt troubler
Le lourd sommeil de plomb de tes compatriotes.
Pour longtemps l'Allemagne appartient aux despotes.
Tant qu'on se servira de la poudre ou du fer,
Demain sera toujours aussi triste qu'hier.
L'homme le plus vaillant affrontant l'agonie
Peut tuer le tyran, mais non la tyrannie.
Le nombre qui peut tout, n'est pas encore lassé.
Dans le sang de César Octave a ramassé
La pourpre impériale, et Rome tout entière
De ses sandales d'or a léché la poussière.
Un empereur mort n'est qu'un cadavre de plus.
Ce qu'il faut pour détruire à jamais les abus
Fléaux de l'ignorance et du catholicisme,
Ce n'est pas d'un Brutus le farouche héroïsme ;
Ce n'est pas le couteau, la bombe ou le poison,
Ces forces sans effet qui ne donnent raison
Qu'aux bourreaux ; ce n'est pas la terreur que l'on sème

Et qui reste toujours impuissante quand même.
C'est l'homme désarmé, — le savant inspiré
Réchauffant tous les cœurs de son verbe sacré,
Le lutteur de l'esprit, le soldat de l'idée
Qui combat pour l'amour cher au fils de Judée;
C'est le maître d'école allant avec fierté,
Dans des cerveaux d'enfant semer la liberté!

COURBET AUX CHAMPS-ÉLYSÉS

A Élysée Cusenier.

Mon pauvre cher Courbet, dont je parlais la veille
A quelques bons amis qui l'avaient fréquenté,
M'apparut l'autre nuit et me dit à l'oreille :
— Tu sais ?... Je suis content que Proust m'ait acheté !

Il a senti que l'art a besoin de jeunesse,
Qu'il doit se retremper aux sources du progrès,
Et que les vieux poncifs que l'Ecole caresse,
Doivent être brûlés aujourd'hui, sans regrets.

Ce ministre ira loin! Il aime la peinture
Pour elle-même, et non pour le faux idéal
Qui la gâte. Il préfère un beau coin de nature
Qu'on enlève un matin de joyeux Prairial,

A l'heure où les oiseaux qui sautent dans les branches,
Comme ces fiers ténors qu'à l'Opéra tu vois
Faire de beaux effets de gestes et de hanches,
Gazouillent la chanson du printemps dans les bois.

Toi, qui peux l'approcher, puisque tu vis encore,
Toi, qui n'hésites pas à mettre un habit noir
Pour frôler sans pudeur des gens que l'on décore,
Dis-lui que je suis fier qu'il ait fait son devoir.

Ici, mon brave ami, c'est les Champs-Elysées,
Non pas ceux où, jadis, nous allions prendre un bock,
Mais ce paradis bête où des plantes frisées
Et des fleurs sans parfum, dressent leur tige ad hoc.

Un décor de théâtre aux portants de féerie,
Où le paillon domine; ils aiment ça, les vieux!
Et caressent leur crâne et leur barbe fleurie
En roulant vers l'azur des frises, de grands yeux.

Ça fait pitié de voir, causant avec un ange,
Raphaël affirmer que tout l'art est en lui.
Titien, Véronèse, et... même Michel-Ange!
Ne peuvent rien comprendre aux tableaux d'aujourd'hui.

Rubens fait le seigneur avec ses collerettes,
Ses gants et son grand feutre au panache vibrant;
Van-Dyck à Jordaens offre des pâquerettes,
Et je n'ai pu parler, ce matin, à Rembrandt.

Vélasquez, seul, hier — c'est un bon camarade
Qui sait ce que je vaux — vint me serrer la main,
Et nous avons causé de Madrid, de Grenade,
Pour lui faire plaisir, tout le long du chemin.

Téniers, qui se figure être un naturaliste,
Nous invita tous deux à boire du faro,
Mais cette bière-là, toujours m'a rendu triste,
Et fait descendre un homme au-dessous de zéro.

Tu vas, bien sûr, me dire: Il reste les modernes.
Qu'en fais-tu? Tu les as connus, de ton vivant?
Géricault, Delacroix ne sont pas des badernes;
Tu vois Corot, Daumier et Daubigny souvent?

Je les vois sans les voir ; ils sont trop à la blague,
Et font en déjeunant de l'esprit sur mon dos.
Est-ce qu'en vous peignant ma *Falaise*, ma *Vague*,
Et mon *Enterrement*, je ciselais des mots ?

Proudhon qui n'était point une bête, je pense,
N'a jamais rédigé de Nouvelle à la main ;
Il parlait net et juste et, pour sa récompense,
Son œuvre éclaire encor la nuit du genre humain.

Sans lui, je m'ennuierais dans ces jardins stupides
Où, je te le répète, il n'est pas un motif
A peindre... Où sont, hélas ! mes frais ruisseaux limpides,
Mes rochers, mes forêts, mes cerfs à l'œil craintif ?

Où sont mes grands prés verts tout mouillés de rosée,
Mes faucheurs, sur les foins sentant bon, s'endormant,
Et mes bœufs roux, vautrant leur croupe reposée
Dans les trèfles en fleurs qu'ils mâchent lentement ?

Qui me rendra jamais dans l'Eden où je cueille
Des bouquets en papier, mon Ornans adoré,
Mon bon vieil atelier de la rue Hautefeuille,
Et ma pipe d'écume au bout d'ambre doré ?

Car je puis te le dire : on est un peu bégueule
Ici. Le Caporal fait du mal aux anciens,
Et si l'on allumait le moindre brûle-gueule,
On ne serait pas bon à régaler des chiens.

Tous ces Italiens qui mangent du fromage
Et du macaroni qui file dans leurs doigts,
Ces pileurs d'ail à qui l'Institut rend hommage,
Accaparent toujours pour eux seuls tous les droits.

Ça m'embête à la fin, et si je ressuscite,
Je lâche avec bonheur leur Alcazar fleuri,
Pour aller m'habiller et faire une visite
A Monsieur Proust, avec l'ami Castagnary.

Décembre 1881.

LES CANDIDATS

A A. Ranc & E. Spuller.

Peuple, réjouis-toi; tous tes maux vont finir.
Tu peux, dès aujourd'hui, compter sur l'avenir;
Front d'Airain te l'affirme et *Bouche-en-Cœur* l'atteste :
Ce sont de vieux amis, crois-les donc, sans conteste.
Si tu choisis jamais ces candidats ardents,
Ils te feront croquer du sucre à belles dents.
Ils ont de l'énergie, ils auront du courage!
Eux seuls, peuvent sauver ta barque du naufrage;

Ce sont des résolus, de solides marins
Qui, pour ramer au port, sauront cambrer les reins.
Si le tonnerre un jour éclate sur leur tête,
Tu les verras, debout, affronter la tempête
Et, défiant les cieux et les flots irrités,
Atterrir sans secousse à des bords enchantés.

Ah! c'est que *Front d'Airain* et *Bouche-en-Cœur* t'adorent!
Ce sont des citoyens qui t'aiment, qui t'honorent,
Qui t'estiment. Jamais à l'heure du danger,
Ces modernes Catons n'ont voulu transiger.
Lorsqu'ils se font entendre, il semble que leur âme
Sur leurs lèvres voltige en purs rayons de flamme;
Ils ont de ces grands mots qu'on ne peut oublier,
Qui font chaque matin le tour de l'atelier,
De ces mots étoffés qui tiennent de la place
Et qu'ils savent lancer sans faire la grimace.
Leur voix, basse ou ténor, porte comme un obus
Qui vole, siffle, éclate au milieu des abus.
Ils ont trouvé tous deux le levier d'Archimède,
Le baume souverain, l'infaillible remède,
L'antidote sauveur, l'élixir breveté
Qui doit, de tous ses maux, guérir l'humanité.
En les nommant tu fais le bonheur de la France;
Tu supprimes d'un coup la gêne et la souffrance;

Tu trouveras toujours, si chez toi l'on a faim,
Sur la table, vin pur, viande fraîche et bon pain.
La mère aura du lait pour gonfler ses mamelles;
Tes fils seront plus forts et tes filles plus belles;
Ton travail ne sera ni long, ni fatigant :
Plus d'altier capital! Le patron arrogant
Devenu tout à coup ton ange tutélaire,
Réduira ton labeur en doublant ton salaire.
Bouche-en-Cœur, Front d'Airain, du jour au lendemain,
Comme défunt Bertron le candidat humain,
Si ton vote éclairé les envoie à la Chambre,
Rafraîchiront juillet, réchaufferont décembre;
Un soleil spécial aux rayons calculés
Fera mûrir à point les vignes et les blés;
Les tonneaux manqueront pour le jus des vendanges
Et le grain entassé ruissellera des granges.
Grâce à ces enchanteurs, le monde rajeuni,
Fouillant les profondeurs de l'azur infini
Pour y chercher la loi de ces métamorphoses,
S'endormira ravi sur un doux lit de roses.

Mais assez d'ironie! Il est temps que mon cœur
Se dégonfle et te parle un langage vainqueur.
Peuple, je suis de ceux qui gardent la mémoire
De ton épouvantable et douloureuse histoire.

Fils de déshérités, je suis né de ton sang
Et, dans tes bataillons j'ai su garder mon rang.
Comme toi j'ai porté la blouse et la vareuse
Et rapporté ma paie à la famille heureuse.
Comme toi j'ai lutté, haï, souffert, aimé !
J'ai vu le sang de juin, de décembre et de mai,
Sur les pavés fumants ruisseler comme un fleuve.
J'ai vu, mourants de faim, l'orphelin et la veuve
Pleurer père et mari sans pitié fusillés.
J'ai vu, comme des chiens par le ruisseau souillés,
— Horreurs qui, dans vingt ans, seront à peine crues —
Des tas de morts pourrir à l'angle de nos rues.
J'ai vu des chérubins aux lèvres de carmin,
Ouvrant leurs grands yeux bleus, dans ce charnier humain
Chercher en souriant les petits camarades
Qui, la veille, avec eux jouaient aux barricades.
J'ai vu des lourds vaisseaux comme un flottant enfer,
Sceller les déportés dans leurs cages de fer ;
J'ai vu vieillards, enfants — accouplements horribles —
Parqués sans air au fond des entreponts terribles ;
J'ai lu, les yeux rougis, les récits désolés
De tous ceux qui, là-bas, pleuraient inconsolés.
Je sais ce qu'il en coûte à tous les cœurs candides
De croire sur parole aux boniments splendides,
D'écouter sans comprendre et d'agir sans savoir
Où commence et finit le suprême devoir.

Je sais que c'est toujours le naïf qui succombe
Dans ce funèbre jeu dont le gain est la tombe.
Je sais, peuple, que ceux qui parlent le plus haut
Ne te précèdent pas toujours quand il le faut
Et que, lorsque tu cours ardent à la bataille,
Tu vois de plus d'un chef diminuer la taille.
Tu comptes des héros parmi tes défenseurs;
Quelques-uns sont tombés comme des précurseurs;
D'autres ont combattu jusqu'à la dernière heure
Croyant de bonne foi leur cause la meilleure.
Gloire à ces convaincus! Ils sont tombés debout,
Le front haut, comme ont fait leurs aïeux du dix août,
Et j'en connus plus d'un, victime expiatoire,
Dont le nom pour toujours appartient à l'histoire!

Mais il est d'autres noms dont tu dois désormais
Garder le souvenir. Ces noms, tu les connais?...
Ce sont des noms de fous, de couards et de traîtres,
Les noms de ceux qu'un jour tu te donnas pour maîtres,
Les pitres galonnés qui jouaient au soldat
Et que tu ne vis plus à l'heure du combat.
Pour l'honneur de tous ceux qui sont morts en apôtres,
Peuple, ne les confonds jamais avec les autres.
Ces derniers ont laissé des petits bien dressés
Qui, pour mordre au pouvoir, s'élancent empressés.

Plus d'un, dans son journal ou bien dans sa boutique,
Pouvait, s'il l'eût voulu, servir ta politique,
Oui! Mais à quoi bon être utile obscurément?
Il faut avoir quand même, un siège au Parlement;
On veut être en vedette et jouer les grands rôles :
Il n'est pas de fardeau trop lourd pour les épaules
De qui se sent de force à fonder l'âge d'or.
Laisse-les donc enfler leurs poumons de ténor,
Pousser leur si-bémol, lancer leur ut-dièze ;
Qu'ils se plongent tout seuls dans l'ardente fournaise
Où tu laissas toujours le meilleur de ta chair ;
Dis-leur qu'on t'a par trop seriné le même air,
Que tu ne peux plus croire au progrès si facile,
Que tu le veux durable et sans guerre civile,
Et que tu te souviens encore en frémissant
De ce qu'il t'a coûté de larmes et de sang!

1882

A H. Liouville & A. Péphau.

La triste année a rendu l'âme.
Dieu sait ce que nous la payons!
Si le soleil fut sans rayons,
La République fut sans flamme.

Les *extrêmes* coalisés,
Exploitant les rancunes viles,

Les haines des guerres civiles,
Aux naïfs se sont imposés.

Et l'on a vu — chose incroyable —
Sous prétexte de liberté,
Freppel abdiquant sa fierté
Faire alliance avec le diable !

Les intransigeants convaincus,
Et ceux qui veulent le paraître,
Avec des colères de prêtre
Se sont rués sur les vaincus.

Le honni du Chantier Saint-Blaize,
— Aimable et fraternel endroit
Où la force prima le droit,
Doux électeurs, ne vous déplaise —

Le fier lutteur des sombres jours,
Le premier qui sapa l'Empire,
Le héros qu'eût chanté Shakespeare,
Celui que Bismarck craint toujours,

Dont la parole souveraine
Tonna comme un glas de tocsin,
Quand Bazaine, cet assassin,
Eut décapité la Lorraine ;

Le patriote militant
Qui put galvaniser la France.
Et sut rallumer l'espérance
Au cœur du dernier combattant ;

Eh bien ! ce citoyen, cet homme,
L'espoir et l'honneur du pays,
Ne peut pas même, en son logis,
Comme un bourgeois faire son somme !

Un accident l'a terrassé ;
Il souffre comme tout le monde,
Et chaque jour la haine immonde
Insulte aux douleurs du blessé ;

Chaque jour quelque énergumène
Que l'on paie, on ne sait comment,
Recommence son boniment
Pour prouver la bassesse humaine ;

Chaque jour, dans certains journaux,
Sous des signatures suspectes,
S'impriment des lignes infectes
A dégoûter les tribunaux!

Placards, dessins, caricatures,
Qui feraient vomir un Daumier,
S'étalent ainsi qu'un fumier
Où fermentent les pourritures!

Jamais le néfaste empereur,
Des Prussiens subissant l'escorte,
Ne fut traité de telle sorte
Et n'excita tant de fureur.

Tout ce qu'une fieleuse engeance
Peut inventer de monstrueux,
Comme un égout torrentueux,
Déborde en écœurant la France!

Et l'Allemand railleur se dit :
Que devient donc ce peuple étrange.
Pour traîner ainsi dans la fange,
Celui que nous avons maudit?...

31 décembre 1882.

A l'heure où j'écrivais ces lignes,
Le grand patriote râlait
Et loin de nos sphères indignes,
Son âme ardente s'envolait.

Le lendemain, la mort avide
Dévorait le tribun vainqueur,
Et j'ai baisé son front livide
Avec des sanglots plein le cœur.

1er janvier 1883.

FIN

TABLE

À Victor Hugo I
Lettre de Victor Hugo III
Au Lecteur V

Iʳᵉ SÉRIE

La Guerre 3
Louis Veuillot 9
Les Points noirs de Guillaume 14
Toast à l'Alsace-Lorraine 21
La Paix sociale 24
Les Commissions-mixtes 30
Le Premier miroir 32
Le BonBock 34
L'Illustre Théâtre de la Porte-Montmartre 36

VICTOR HUGO

Après avoir lu : *Mes fils*	45
Après la 2me Série de *La Légende des Siècles*	48
Le Centenaire de Voltaire.	51
Le 26 Février 1880	53

IIme SÉRIE

Le Lamento du Photographe.	55
Lyon.	60
La Chanson de l'Héritier	63
Le Mirage.	68
Moutiers-au-Perche	74
Les Violettes.	78
Le Reporter de la Mort.	81
Les Enfants de la Mine.	85
Rouvière	88
Raspail.	92
La Revanche.	95
Le 30 Juin.	98
Le 14 Juillet.	102
Juliette Dodu.	108
La Tatan.	111
A Madier de Montjau	115
Jeanne.	117

Garibaldi 120
Éternelle chanson 124
Une heure aux Quinze-Vingts 127
Les Parricides 130

SONNETS

Le Sacrifice 137
A Madame H. Daumier. 139
Le père Laveur 141

PORTRAITS

Émile Benassit 142
Paul Arène 148
Charles Monselet. 152
Margot 158
Gustave Courbet. 160
Gustave Mathieu. 166
Émile de Girardin 171
Cenis Dussoubs 173
Jean de la Fontaine. 177
Papa Corot 183
Le Roi du Louvre 188
Léon Gambetta 194

L'Enfant gâté. 199
Théodore de Banville 205

AU CHAMPAGNE

La Confession d'Albert. 213
Un Jour de l'an 219
La Maison d'Auteuil. 223
Les Moutons d'Asie. 226
Crémaillère 230
Une Caisse introuvable. 233
Le 4 Juillet 1881. 235

IIIe SÉRIE

Conseils d'Ami. 243
Denfert 247
Un soir à la Fontaine de Corot. 252
Jacques. 254
Le Délire de Nobiling 260
Courbet aux Champs Élysées. 268
Les Candidats. 273
1882. 279
Errata 289

Imprimerie Générale de Châtillon-sur-Seine. A. Pichat.

ERRATA

Page 78, 2ᵉ strophe, 2ᵉ vers, au lieu de :

Qu'abritent les vieux chênes sévères.

Lire :

Qu'abritent les chênes sévères.

Page 93, 2ᵉ strophe, 3ᵉ vers, au lieu de :

Se fit tiède et souple, et je ne sais comment.

Lire :

Se faisait tiède et souple, et je ne sais comment.

Page 180, 5ᵉ strophe, 3ᵉ vers, au lieu de :

Ce grand esprit avait le cœur.

Lire :

Ce grand poète avait le cœur.

Page 195, 5ᵉ strophe, 1ᵉʳ vers, au lieu de :

Après Sédan, après la sanglante hétacombe.

Lire :

Après Sedan, après la sanglante hécatombe.

Page 206, 1ʳᵉ strophe, 4ᵉ vers, au lieu de :

L'essaim des strophes caressées.

Lire :

Les fières strophes caressées.

Page 231, 4ᵉ strophe, 1ᵉʳ vers, au lieu de :

Une maison, à soi tout seul! Quel rêve étoilé !

Lire :

Une maison, à soi! Quel beau rêve étoilé!

Page 239, 1ʳᵉ strophe, 2ᵉ vers, au lieu de :

Apprendre les vieux airs des prêtres.

Lire :

Apprendre les vieux airs des pâtres.

www.ingramcontent.com/pod-product-compliance
Lightning Source LLC
Chambersburg PA
CBHW070533160426
43199CB00014B/2250